IZEN
La voie pour une sagesse moderne

以前

Daniel Thîen-Nguyen

IZEN

La voie pour une sagesse moderne

以前

Mentions légales

En application de l'art. L.137-2.-I. du code de la propriété intellectuelle, toute reproduction et/ou divulgation de parties de l'œuvre dépassant le volume prévu par la loi est expressément interdite.

2024 © Daniel Thîen-Nguyen

Édition : BoD · Books on Demand GmbH, In de Tarpen 42, 22848 Norderstedt (Allemagne)
Impression : Libri Plureos GmbH, Friedensallee 273, 22763 Hamburg (Allemagne)

ISBN : 978-2- 3224-9747-8
Dépôt légal : Novembre 2024

A mes parents

Avant-propos

Au moment où j'écris ces lignes je suis comme beaucoup d'entre vous, à la recherche d'un peu de sagesse intérieure. Mais quelle voie emprunter pour y parvenir ? Seuls des êtres lumineux et dotés d'une clairvoyance de l'esprit au-delà du commun du mortel nous ont transmis des textes et préceptes pour tenter sinon de l'atteindre au moins de s'en approcher. Pensons à Platon, Marc Aurèle, Bouddha, Jésus, Confucius, Lao Tseu et bien d'autres. Des milliers d'années après leur passage, ils continuent à inspirer les esprits par-delà les continents.

Car l'idée de la sagesse est universelle et intemporelle. On pourrait même dire qu'elle n'a jamais été autant d'actualité au regard des événements dramatiques, politiques, économiques, ethniques ou climatiques qui secouent actuellement le monde. Quel espace intimiste nous reste-il pour se détacher de tout cela et prendre le temps du relâchement, de la réflexion, de la méditation sur soi ou sur la vie ?

Dans son livre Éloge de la lenteur, Carle Honoré nous rappelle la nécessité de ralentir notre rythme de vie au quotidien notamment pour observer la vie et le temps qui passe avec du recul et de l'analyse sur ce que l'on voit ou ce que l'on fait.

J'aime à me souvenir d'une anecdote que ma mère me raconte de temps en temps. Je devais avoirs sept ou huit ans et déjà ma curiosité et mon envie de comprendre ce qui m'entourait m'ont amené à réfléchir sur Dieu, la foi et les convictions religieuses. Un jour ma mère me posa cette question toute simple : « pour toi Dieu, cela représente quoi? ». Quel ne fût pas son étonnement quand elle m'entendit lui dire, que pour moi, Dieu était un grand souffle. ».

Mais quelle signification avait cette réponse pour un enfant de cet âge ? Ce n'est bien que plus tard, que je finis par comprendre que le grand souffle que j'évoquais était tout simplement la vie.

Depuis je n'ai eu cesse de me poser la question du sens de l'existence. Non seulement de la mienne mais aussi celle des autres. Pourquoi étions-nous sur terre? Quelle était notre destinée individuelle ou collective? Qu'avions-nous à vivre ou à accomplir. Finalement, la vie avait-elle un sens?

Ces interrogations ne pourraient-elle pas se résumer à ces trois questions qui ont été maintes et maintes fois posées ? D'où venons-nous ? Qui sommes-nous, finalement ? Où allons-nous ? Je pourrai tenter de répondre de cette manière très conceptuelle ou abstraite « nous venons de nulle part, nous sommes nulle part, nous allons nulle part ou bien nous sommes nés ici ou là-bas, nous vivons et nous allons mourir ».

De tous temps, les hommes ou plutôt les êtres humains, se sont posés la question du sens de la vie. Chacun en son âme et conscience a pu essayer de répondre à ces différentes questions existentielles sans avoir jamais su ou pu trouver une réponse qui pouvaient les satisfaire. Des philosophes, des écrivains, des religieux, des chercheurs, des intellectuels de tous bords se sont penchés sur la question et ont tenté d'apporter leurs propres explications.

Enfant, je me suis demandé certainement à juste raison, d'où je venais et quel était le sens de ma venue en France ?

Enfant d'une *sale* guerre, ayant laissé un pays meurtri dans sa chair et dans son âme. Je devenais cet enfant abandonné pour des raisons et des circonstances que j'ignore encore aujourd'hui 'hui. Un enfant adopté.

Alors en grandissant, je me suis fait une haute opinion de la justice mais aussi de la morale et d'une certaine idée du malheur et de la souffrance. Forcé de quitter mon pays, ma terre, mes racines, mes origines pour découvrir une autre vie, en France, en occident. Durant toutes ces années d'enfance et d'adolescence, j'ai ressenti ce sentiment inexplicable de ne jamais oublier d'où je venais. Le goût prononcé pour la cuisine asiatique, les films ou les séries sur les arts martiaux, puis les écrits sur le bouddhisme, le zen ou les traditions de l'Asie du sud-est. J'ai cultivé cela pendant toutes ces années, ressentant comme une force et une énergie que je ne pouvais pas expliquer étant jeune.

J'ai grandi dans un des premiers quartiers expérimentaux de France ou la mixité était l'objectif affiché des politiques urbaines et sociales. Cette richesse des cultures m'a ouvert l'esprit et je voulais que tout le monde s'entende et s'aime. J'ai compris bien plus tard que tout cela était un vœu pieux. J'étais donc confronté à la réalité et la violence d'une société et un monde qui n'allait pas. La violence, le chômage, l'échec scolaire, le racisme, le monde cruel du travail. D'un coup toutes mes valeurs de tolérance de respect, de dignité, de partage et de bienveillance, tout cela partait en éclat me laissant un goût amer. Je n'étais pas fait pour vivre dans un tel monde. Je me suis dès lors construit un idéal de comportement et d'attitude, mais qui me paraissant impossible à obtenir.

À la fois préservé et protégé à la maison, à l'écart des grandes barres, j'étais néanmoins, quotidiennement baigné, confronté et impliqué dans la vie de la cité, les trafics en tout genre, le racket, la violence gratuite. La cité c'était le quartier dans lequel les gens extérieurs avaient peur de venir. C'était notre territoire notre royaume d'enfant puis très vite d'adolescent. Nous étions clairement fiers de venir et d'appartenir à ce quartier emblématique malgré tout ce qui s'y passait. En grandissant là, le monde tout beau, tout gentil dans lequel j'aspirais à vivre et évoluer n'existait pas et curieusement cela me faisait du mal. Je voulais un autre monde pour moi et sans doute le reste de la terre entière.

A côté de cette espérance sans doute utopique et naïve de connaitre et rencontrer des personnes ayant la même vision des relations humaines que moi, notamment dans un travail dénué de jalousie, de méchanceté et de d'instincts malsains, j'ai compris aussi que mon âme et mon esprit était en souffrance, me projetant parfois dans des comportements excessifs, ne respectant pas mes principes de vie que je voulais pour moi et pour les autres et que je regrette encore aujourd'hui. Comme beaucoup de jeunes, j'étais insouciant, sûr de moi, croyant que rien ne pouvait m'arrêter. J'étais naïf et stupide. Je ne voyais pas l'avenir. La toute-puissance comme le disent les personnels socio-éducatifs.

Ma quête identitaire et spirituelle m'amené à partir seul à voyager aux quatre coins du monde, cherchant dans le moindre paysage découvert et contemplé, la plus simple des rencontres faîte au détour d'une route ou à la descente d'un avion, un sens à ma vie. Apportant avec moi ce qui deviendra l'objet le plus important pour après le coussin de méditation, un appareil photo. Grâce à lui et depuis de nombreuses années, j'ai pu d'une certaine façon, (ré) écrire une part de mon histoire.

Mais c'est en retournant au Viêtnam en 2012, mon pays d'origine, ma terre natale que la voie Izen m'est apparue comme une évidence. La voie que je devais emprunter pour peut-être enfin m'accomplir et me réaliser en dehors de toutes considérations égoïstes, matérielles et superficielles. Ma recherche m'a amené à m'intéresser à mes origines, mes racines et mon intérêt pour les philosophies orientales s'est confirmé au fur et à mesure de mes lectures. Pourtant, est-ce dû à mon éducation religieuse voulue très tôt par mes parents (et je ne leur en veux absolument pas de ce choix) que je me suis distancé du côté très rituel et solennel du bouddhisme préférant une vision plus épuré et moderne, tout en respectant la liberté de croyance et de culte, un droit universel et inaliénable. En somme, la laïcité. Libre de croire ou ne pas croire.

Dès lors Izen s'est imposée comme la voie intermédiaire entre mes aspirations et mon éducation occidentale et ma sensibilité et mes racines asiatiques. Certains diront, pour se référer à une notion importante dans les arts martiaux ou le zen, la voie du milieu.

Izen est une vision, un espoir venu d'une enfance et une expérience de la vie à la fois douloureuse et singulière, partagée entre une éducation occidentale et des convictions profondes marquées par mes origines asiatiques. Ainsi, la lecture des enseignements du Bouddha et notamment les quatre nobles vérités (la souffrance, l'origine de la souffrance, la libération de la souffrance, le chemin pour parvenir à cette libération) a raisonné en moi comme étant la voie que je devais prendre pour développer mon esprit, m'améliorer humainement et spirituellement, m'accomplir dans la vie de tous les jours et me réaliser tout en préservant mon éducation, mes connaissances et ma sensibilité occidentale.

Déjà en 1927, dans La crise du monde moderne, René Guénon opposait les valeurs de l'Occident face à celle de l'Orient. Dans son ouvrage Hara, centre vital de l'homme, Karlfried von Dürckheim n'hésite à parler d'un esprit occidental quand on parle de sagesse orientale. Ces deux premières références s'inscrivent bien dans une dichotomie provenant d'influences philosophiques, culturelles et spirituelles bien différentes sur plusieurs points. Héritières par exemple des penseurs de la Grèce antique, ou en France du siècle des lumières pour les valeurs occidentales et puisant dans les philosophies ancestrales asiatiques (taoïsme, confucianisme, shintoïsme ou bouddhisme) pour les valeurs orientales.

En serait-il ainsi ? Aux occidentaux l'esprit et l'intelligence, aux orientaux la sagesse et la réflexion. Si cette conclusion tient plus du cliché et de la généralité sans fondement, force est de constater que les questions autour des valeurs intellectuelles et spirituelles ont pris depuis quelques années de plus en plus d'importance au sein des sociétés occidentales et notamment européennes.

Le XXIe siècle sera spirituel ou ne sera pas.

Une phrase que l'on aurait attribuée à André Malraux, sans que cela soit officiellement confirmé et qui prend encore plus son sens à l'heure actuelle. Qu'en est-il concrètement ? Alors que le monde est entré dans l'air du tout numérique, de l'hyper connexion et des réseaux sociaux (avec ces avantages mais aussi ses absurdités) de plus en plus de citoyens dans les sociétés modernes occidentales sont en train de remettre en cause le système dans lequel ils vivent. A travers notamment la conscience écologique, de nouveaux modèles de gouvernance ou de vivre ensemble sont en train d'émerger autour de notions tel que le partage, la solidarité ou le participatif. Ce siècle spirituel cher à André Malraux serait-il finalement en marche ?

En tout cas, quand, on voit l'engouement actuel pour la spiritualité, la philosophie ou l'ésotérisme, pour les lectures d'auteurs et de textes philosophiques, voyant même ces domaines, s'immiscer dans les cercles très fermés des grandes écoles ou grandes entreprises, on se dit que qu'une vraie révolution intellectuelle, culturelle, spirituelle est peut-être en train de se faire.

Depuis un certain nombre d'années, en France, en Europe et plus généralement dans les sociétés occidentales modernes, c'est l'attrait pour les philosophies orientales et notamment celles liées au bouddhisme qui suscite un grand engouement tant sur le plan personnel que le plan professionnel. Il n'y a qu'à voir le succès que rencontrent tous les stages ou formations de « développement personnel » autour de la gestion du stress et de la méditation (pleine conscience ou minfdullness) sans compter la participation de plus en plus grande à des initiations voire de retraites bouddhistes.

Même si cet engouement est vu par certains puristes agacés, plus comme un phénomène de mode voire *un marché du bonheur* qu'un véritable engagement dans une voie spirituelle, on ne peut ignorer la réalité de ce phénomène de société.

Y'aurait-il aujourd'hui chez nos concitoyens un besoin de calme et de sérénité qu'une société en difficultés sociales, économiques voire identitaires ne permet pas ? S'inspirer, philosopher ou même s'engager dans une pratique spirituelle basée sur l'idée même de calme et de la sérénité est en train de s'imposer comme un moyen, certes de gérer une partie son stress, mais surtout de trouver un peu de sagesse et de paix intérieure, dans un monde bruyant, bouillonnant en perpétuel mouvement.

En cela la philosophie et l'esprit de la voie Izen peut se définir comme une voie à la fois moderne et traditionnelle, occidentale et orientale, permettant à chacun et chacune de trouver l'inspiration, le soutien et le moyen de se développer, de s'accomplir et de se réaliser aussi bien personnellement, que socialement. Izen ne prétend pas apporter un épanouissement ou bonheur clef en main. Car chacun peut trouver au sein de la famille, un groupe d'amis ou d'activités, une activité professionnelle ou bénévole cet espace de plénitude et d'harmonie.

Izen n'est qu'un élément du tout. Dans cet univers dans lequel nous naissons, existons et évoluons, Izen pourrait être la réponse au dualisme entre occident et orient, permettant ainsi à ces deux sensibilités de se réunir autour d'un seul but, le développement, l'accomplissement et la réalisation de l'être et de l'esprit, pour construire et préserver un monde plus juste.

Izen souhaite rassembler les femmes et les hommes autour d'un projet commun. Izen n'est là qu'au service de la conscience et de la responsabilité de chacun d'entre nous.

Quel homme ou quelle femme ou homme voulons-nous être ? Comment voulons-nous vivre, travailler, agir pour le bien de notre société, notre environnement, notre planète ?

Izen n'est pas une philosophie utopiste ou philanthropique.

Izen puise ses fondements à la fois dans les aspirations actuelles de notre société moderne (le vivre ensemble, la solidarité, le partage, le maintien de la santé, l'activité physique, l'alimentation saine, la préservation de notre environnement, la protection de la faune et de la flore etc.) mais aussi les principes et les valeurs ancestrales aussi bien occidentales (sagesse antique, philosophie des lumières, penseurs contemporains etc.) qu'asiatiques issues notamment du bouddhisme, du zen et du budo (ensemble des arts martiaux japonais).

Izen est donc la rencontre entre l'orient et de l'occident autour de cette conviction inébranlable, que l'homme a la capacité et la volonté de se remettre en question, de s'améliorer, de changer, de s'accomplir et de se réaliser grâce notamment à une pratique méditative, philosophique, physique, spirituelle, à la fois moderne et traditionnelle, orientale et occidentale.

Cette pratique appelée IZEN 以前, qui signifie *autrefois, précédemment, jusqu'à maintenant* en japonais, n'est ni politique, ni religieuse, ni sectaire ni communautaire, ni extrémiste. Elle est cette voie spirituelle et métissée que j'essaie de suivre toujours, pleinement et sincèrement.

Ce chemin qui est celui d'une vie tout entière consacrée à l'amélioration et la transformation de l'esprit et de l'âme.

Beaucoup, qui par curiosité intellectuelle, philosophique ou spirituelle liront ce premier ouvrage consacré à Izen se demanderont, et très légitimement, ce qui a bien pu me passer par la tête pour proposer une telle démarche ?

Tout un chacun peut déjà pratiquer la méditation, qu'elle soit laïque ou religieuse, zen ou de pleine conscience, individuelle ou collective. Pratiquer une activité physique n'est pas non plus une proposition révolutionnaire car nous vivons dans une société où s'entretenir physiquement et mettre tout son corps en mouvement est devenu un enjeu majeur de société tout comme les questions environnementales.

Faire attention à notre alimentation, s'ouvrir à des pratiques créatives ou artistiques ou être simplement spectateur, lecteur, justement pour ouvrir le champs des possibles et (re)découvrir le monde qui nous entoure et qui manifestement ne tourne pas bien rond à l'heure où j'écris ces quelques lignes.

Tout cela est bien d'autres pratiques peuvent être exercées de manière libre et indépendante.

Izen peut être alors ce catalyseur, cet état d'esprit fédérateur, une sorte de synthèse de tout ce que je crois être un moyen, une voie pour s'épanouir, en donnant du sens à chaque moment de sa vie, en proposant un espoir aussi bien individuel que collectif d'avancer sereinement et positivement malgré toutes les souffrances et les absurdités de ce monde.

Car malgré l'engagement de millions de personnes dans le monde au service des autres, nous ne pouvons que constater l'injustice, la méchanceté, la violence, le racisme, la xénophobie et l'irresponsabilité face aux grands défis qui nous attendent et qui ne font que s'amplifier notamment dans nos démocraties occidentales.

Est-ce naïf, simpliste que de dire que rien peut arrêter cette spirale pessimiste ? Peut-être ? Mais je crois au plus profond de mon être que nous pouvons faire face dignement à cela en suivant une philosophie, une éthique nous aidant non seulement à supporter tout cela, mais également à favoriser un monde meilleur, en devenant soit même meilleur.

C'est l'essence même et la raison d'être de Izen.

Daniel Thiên-Nguyen,
fondateur de la Voie IZEN

Introduction

Crise de l'éducation, chômage, repli identitaire, violences, stress au travail, *burnout* en série, montée du racisme et des mouvements nationalistes partout en Europe et dans le monde, développement de l'hyper consommation, révolution et excès du numérique, bouleversements climatiques. Le XXIème siècle qui aurait pu selon la célèbre formule d'André Malraux, être spirituel n'a pas vraiment démarré sur cet élan.

Le monde moderne serait-il crise ? À en croire, René Guénon, oui. Dans ce chaos indescriptible, des écrivains, philosophes mais aussi des journalistes, des médecins, des chercheurs font l'éloge de la sagesse et prônent le retour à des valeurs héritées pour certaines de la Grèce antique ou du siècle des lumières, et pour d'autres, de l'influence orientale notamment indienne, chinoise ou japonaise.

Mise de côté pendant un certain temps voire un temps certains, la réflexion philosophique est redevenue un sujet que l'on explore de nouveau en ce début du XXIème siècle, tant les questions existentielles ont ressurgi en ces temps de crises et de tensions partout dans le monde et plus particulièrement dans nos sociétés occidentales.

Mais qu'entendons-nous pas sagesse ? Si nous nous référons à la stricte définition du Larousse la sagesse serait un « idéal supérieur de vie proposé par une doctrine morale ou philosophique ; le comportement de quelqu'un qui s'y conforme ».

Mais aussi la « qualité de quelqu'un qui fait preuve d'un jugement droit, sûr, averti dans ses décisions, ses actions, qui agit avec prudence et modération ».

Quant à Arthur Schopenhauer, il la définit dans Aphorismes sur la sagesse dans la vie, comme l'art de rendre la vie aussi agréable et aussi heureuse que possible.

L'objectif de cet ouvrage est notamment d'ouvrir le champ à une approche pluridisciplinaire et métissée de valeurs et références permettant la conceptualisation d'une éthique et d'un modèle de pensée, influencés tant par l'Occident que par l'Orient et plus spécifiquement l'extrême Orient (Japon et Asie du Sud-Est).

Nous l'appellerons l'Occirientalisme. L'Occirientalisme est une approche intellectuelle, philosophique et spirituelle permettant de se construire un idéal s'inspirant des valeurs que l'on retrouve aussi bien dans les écrits des grands penseurs occidentaux de l'Antiquité, du monde moderne ou contemporain, que dans ceux d'auteurs ou systèmes philosophiques issues de l'Inde, l'Asie du Sud-est ou le Japon.

Car nous sommes convaincus, que cette dualité, cette double approche pourra provoquer et nourrir le débat et je l'espère, faire prendre conscience du chemin qu'il nous reste à parcourir pour construire et préserver un monde meilleur.

De cette réflexion est née Izen, une pratique spirituelle et philosophique à la fois moderne et traditionnelle, occidentale et orientale. Basée sur la pratique méditative (pratique fondamentale), l'exercice spirituel (si cher à Pierre Hadot), l'activité physique et sportive (avec principalement les activités d'endurance et les arts martiaux) le développement et le renforcement du mental, la qualité de vie, l'écocitoyenneté, le vivre ensemble, l'éducation alimentaire, l'entraînement et l'effort, l'activité créatrice.

Comme le rappelle Aristote, la sagesse n'est ni une science ni une théorie, mais un savoir-vivre.

Pour nous, elle est avant tout une pratique qui permet à celui qui empreinte la voie pour y parvenir, de s'accomplir intérieurement de manière authentique et sincère. Si le chemin est long et demande de l'abnégation et du courage, celui qui aura fait cette démarche ne pourra qu'en sortir grandi et transformé.

Cet ouvrage explique dans une première partie les fondements philosophiques de la voie Izen, puis dans une seconde partie ses fondements spirituels et enfin la troisième partie apporte les indications et consignes de pratique pour vous engager pleinement et durablement dans la voie.

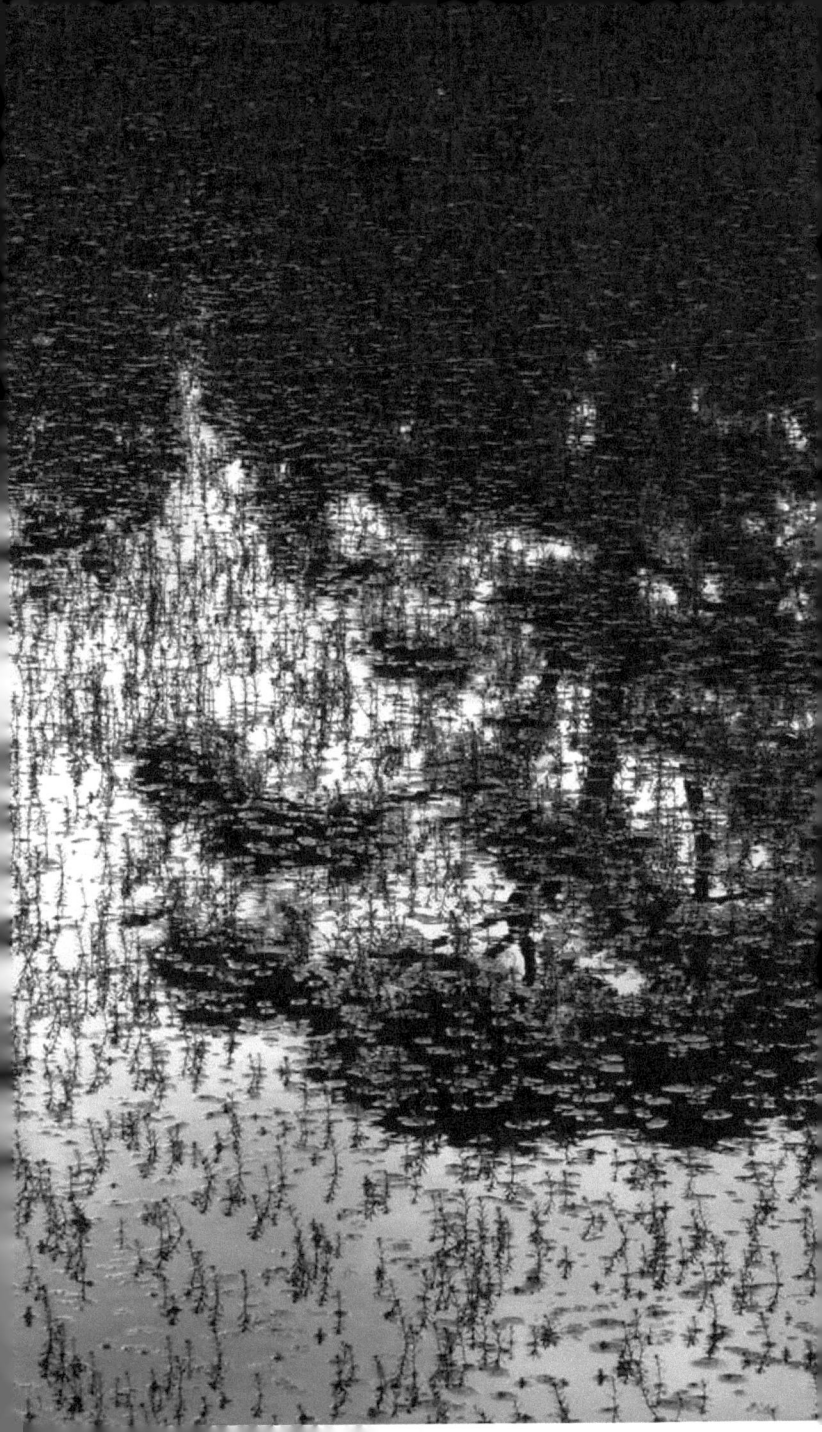

PREMIERE PARTIE

LES FONDEMENTS PHILOSOPHIQUES

L'occirientalisme ou comment penser une sagesse métissée

De tout temps, les différentes civilisations de par le monde se sont inspirées et influencées mutuellement. Certaines, comme la Grèce antique a marqué durablement l'histoire de la pensée notamment par l'intermédiaire de ces grands philosophes tel que Platon, Socrate ou Aristote dont les paroles ou les écrits raisonnent encore dans notre conscience collective.

De nos jours, dans les sociétés occidentales, l'intérêt pour les philosophies extrême orientales (principalement, Inde, Chine, Japon, Asie d Sud Est) a pris une ampleur sans précédent, motivé sans doute par une envie de réfléchir et penser sa vie et le monde en dehors de toutes considération consumériste, matérielle et superficielle.

Pourtant si l'influence des philosophies orientales, notamment le bouddhisme est de plus importante dans les sociétés modernes et occidentales, on ne peut pas ignorer l'importance de l'apport des philosophes et penseurs occidentaux dans la création d'un corpus de connaissances, de savoirs et d'expériences de la sagesse.

De l'Antiquité grecque, en passant par Marc Aurèle, empereur philosophe au célèbre Jean-Jacques Rousseau, René Descartes, et plus proche de nous, André Comte-Sponville, Marcel Conche et son hymne à la nature ou Pierre Hadot, montrant combien la philosophie peut être vécue comme un mode de vie au quotidien, on constate combien la recherche du sens et du bonheur peut être faite en s'inspirant des écoles de pensée à la fois occidentale et orientale. Si nous pouvons ne pas adhérer à tous les concepts ou théories de ces penseurs, force est de constater qu'il nourrissent notre questionnement sur le monde.

C'est cette double approche occidentale et orientale que nous appelons occirientalisme.

La sagesse comme voie spirituelle, philosophique et éducative

René Barbier, professeur émérite et chercheur à l'Université ParisVIII est un des premiers avoir étudié l'influence des philosophies orientales sur la pensée occidentale. Dans un son ouvrage Education et sagesse, la quête du sens, paru chez Albin Michel en 2001, il regrette que le thème de la sagesse soit le parent pauvre de la recherche dans le domaine des sciences de l'éducation. Dans son texte Vers une orientalisassions du fait éducatif (2010), Philippe Fillot envisage tout comme Rêne Barbier une éducation à la sagesse dans les programmes éducatifs à l'école. Comme d'autres chercheurs, il s'interroge sur la nécessité de permettre aux jeunes élèves d'être sensibilisés très tôt à cette recherche philosophique et spirituelle qui leur permettra plus tard d'être un adulte heureux et épanoui parmi les siens.

Il nous invite à repenser la sagesse au-delà de la réflexion philosophique. Pour lui, il y a nécessité d'avoir une approche éducative de la sagesse, qui devrait comme les mathématiques ou le français, être enseignée dès le plus jeune âge afin de former et élever les esprits des futurs adultes. Dans un ouvrage consacré à la vision de la sagesse par les plus grands philosophes occidentaux, il est également évoquée, la possibilité d'enseigner la sagesse dans les premières années de la jeunesse des lors que les capacités de l'esprit et de réflexions sont suffisantes, soit transmises les connaissances permettant d'être sensibiliser et d'être initié à la voie de la sagesse. Cela concerne également les personnes âgées.

Ainsi une éducation à la sagesse dès le plus jeune âge, participera à la formation éthique et morale des plus jeune soit au sein de l'école publique ou privée soit dans la sphère familiale ou bien associative. Dès lors, il incombe aux adultes de prendre en charge cette apprentissage qui participerait non seulement au développement de l'enfant mais également au vivre ensemble. Nombreux spécialistes de l'enfance ou l'éducation ont pointé du doigt l'évolution des comportements des enfants ou adolescents notamment dans les écoles où les valeurs de respect, de vivre ensemble ou partage ont été mises à mal par des problèmes récurrents de violence, de harcèlement, de racket ou de racisme avec en toile de fond les récents débats autour de la laïcité et le phénomène de radicalisation. Izen est avant tout une voie spirituelle et philosophique. Tout d'abord philosophique au sens la définition première de la philosophie. La philosophie, du grec ancien φιλοσοφία (composé de φιλεῖν, philein : « aimer » ; et de σοφία, sophia : « sagesse »), signifie littéralement : « l'amour de la sagesse ». Plus que "l'amour de la sagesse" c'est sa quête qui est au fondement de la voie Izen. Le simple fait de s'engager dans ce cheminement (ou dans un autre) permettra cette évolution et cette transformation nécessaire à l'accomplissement intérieur. Nul besoin d'être un érudit ou un éminent spécialiste de telles ou telles disciplines des sciences humaines ou scientifiques pour s'engager dans la voie. Mais il est fondamental, nous le verrons par la suite, de continuellement se nourrir des pensées, des écrits mais aussi des travaux dans ces mêmes disciplines pour élever l'âme et l'esprit au-delà des clichés et généralités. La chose la plus importante pour s'engager dans cette voie est la sincérité. D'abord envers soi-même et ensuite envers Izen.

Car comment s'engager durablement si la sincérité envers soi-même n'y est pas. Comme dans la vie de tous les jours, se mentir à soi-même quelle que soit la raison, ne peut avoir d'autres conséquences que la culpabilité, la frustration voire la colère contre soi-même, pire contre autrui.

Pour une culture commune de la recherche du sens

Chercher le sens de la vie. Voilà une bien difficile équation à résoudre. De tous temps, nombreux se sont posés cette question sans jamais pouvoir obtenir de réponses fermes définitives. La philosophie, la sciences mais aussi la religion se sont interrogées sur notre existence avec plus ou moins d'inspiration. Entre destinée, hasard ou fatalité, qui ne s'est pas dans son fond intérieur posé au moins une fois cette question qui aujourd'hui suscite toujours autant d'intérêt mais aussi de mystère. Souvent des événements traumatisants (perte d'un être cher, catastrophe de grande ampleur, maladies, perte d'emploi, séparation, endettement etc.) nous ramène à l'éternelle question de savoir pourquoi cela arrive-t-il et dans surtout, pourquoi à nous. Comment répondre alors à une telle question existentielle ? Il y aurait-il une attitude, un état d'esprit qui pourrait aider à accepter l' inacceptable, pouvant nous aider si ce n'est à comprendre ces événements marquants, au moins à la accepter du mieux que possible.

La quête de la sagesse de l'Occident à l'Orient

La grande majorité d'une pensée et une pratique pour la sagesse nous provient des temps anciens. Dès l'Antiquité des grands penseurs nous ont incités à adopter un comportement à la fois morale et éthique, fondé sur la modération et non les excès en tout genre. En Extrême-Orient c'est pour un idéal de société que des philosophes ou intellectuels tel que Confucius, Lao Tse ont élaboré un ensemble de règles comportementales et morale mettant la droiture, l'honnêteté, le sens de l'honneur que l'on retrouve également dans le code de conduite des samouraïs au Japon. Bouddha que l'on considère comme un des sages parmi les sages, inspiré par la spiritualité indienne abandonna sa vie de prince pour ne se consacrer qu'à la compassion et la bienveillance montrant le chemin pour se libérer de la souffrance afin d'atteindre grâce à la méditation un état de paix et de calme intérieur ultime, qu'il nommera l'éveil (nirvana).

Quelle pratique pour une sagesse moderne ?

Nombreux penseurs, intellectuels, chercheurs ou écrivains contemporains se sont également penchés sur la question de la sagesse en s'inspirant de leurs prédécesseurs. Aujourd'hui, la notion de sagesse refait surface dans toutes les sphères de la société notamment avec la quête du bonheur qui est devenu pour certains un véritable objectif de vie, au grand damne de certains philosophes, intellectuels ou penseurs de notre époque .

Dans les recommandations ou les méthodes préconisées, il y aussi bien les techniques de méditations (pleine conscience, vispassana, yoga etc.), les gymnastiques chinoises internes (tai-chi, qi gong) mais aussi de plus en plus la pratique philosophique, tel un art de vivre. Le maître mot étant d'être plus *zen* au grand damne des pratiquants de ce courant bouddhiste basé sur un enseignement épuré du bouddhisme et une méditation assise et profonde, appelée *zazen*

Izen ou la voie de l'accomplissement intérieur

Schopenhauer dans Aphorisme sur la sagesse dans la vie rappelle que la sagesse si elle peut être un objectif ou un idéal à atteindre, le moyen d'y parvenir est la philosophie. Il y a le but. Et le chemin, la voie. Mais si la philosophie est la fois une pratique (le fait de philosopher) et un savoir transmis par des sages authentiques ou des maîtres à penser, elle ne peut pas être le seul moyen d'emprunter la voie de la sagesse. Toujours pour Schopenhauer, pour celui qui souhaite choisir la voie de la sagesse, il devra également s'intéresser à la poésie mais aussi les beaux-arts. Ces loisirs comme il les définit, font partie des apprentissages qui permettent d'élever son esprit.

Une autre voie est communément considérée comme celle de la sagesse est la voie du Samouraï. Eux-mêmes avaient comme consignes de s'intéresser aux arts à la culture. Il était fondamental que tout samouraï qui se respectait, devait avoir un comportement et une attitude irréprochable aussi bien en temps de guerre qu'en temps de paix. Ainsi en s'instruisant et en méditant, en pratiquant le cérémonie du thé, les samouraïs parvenaient à un haut degré d'esprit et de concentration. Il n'est pas rare que certains d'entre nous rappellent combien le comportement des samouraïs était ambivalent. D'un côté ils pouvaient avoir une attitude que l'on attribue habituellement aux sages (bienveillance, respect, rigueur de l'esprit, discipline, rigueur, tolérance, humilité, honneur), de l'autre ils pouvaient faire preuve d'une violence, et cruauté sans pitié pour ses ennemis. N'oublions pas qu'ils étaient militaires. Mais leur lien avec le spirituel et la nature faisait partie intégrante de leur formation et leur éducation. En cela ils ont influencé et influence encore toute la culture japonaise et même au-delà de leur frontière.

Izen est donc une voie parmi d'autres pour atteindre un comportement, une attitude et un état d'esprit porté par valeurs et des vertus à la fois humanistes, spirituelles, philosophiques éducatives. Des valeurs et vertus qui permettent à chaque personne d' être unique maître de ses actes, de son destin et des comportements qu'il décide d'adopter. En cela rejoint notre philosophie rejoint celle du bouddhisme quand elle dit que l'homme est seul responsable de ses actes et de ses conséquences. Qu'il a en lui la capacité c'est la volonté d'évoluer, de changer et transformer sa vie notamment pour se libérer de sa souffrance. Mais aussi de développer son empathie et sa compassion envers ceux ou celles qui sont en difficultés de toutes natures.

En s'engageant dans la voie Izen, on fait le choix de parvenir à un haut degré de conscience spirituelle en réalisant l'accomplissement intérieur. Car il s'agit bien avant d'un accomplissement de l'esprit et là de la conscience de tous ceux qui souhaite participer à une évolution et un changement de mentalités et par conséquent de la société. Cet accomplissement intérieur est nécessaire pour que les rapports entre les gens changent. Si parvenir à l'accomplissement intérieur et peut-être la sagesse, passe par un chemin personnel long et sinueux, faisons-en sorte que cette réalisation de l'âme et de l'esprit participe directement ou indirectement à la sérénité et l'harmonie collective.

Au maintien d'une société plus juste, plus humaine.

DEUXIEME PARTIE

LES FONDEMENTS SPIRITUELS

Izen est une philosophie et une pratique basée l'approche l'occirientaliste ou la rencontre entre la pensée occidentale (exercices spirituels, méditation et lectures philosophiques…) et la pensée orientale (méditation d'inspiration bouddhiste - zazen/ theravada - , lâcher prise, vertus et valeurs , ligne de conduite, détachement…). Elle s'inspire pour grande partie de la philosophie bouddhiste, du zen et du Bushido (le code des samouraïs) mais se distance d'une certaine manière de toutes considérations religieuses, communautariste ou sectaire.

Izen n'est ni dogmatique ni supérieure. Il n'y a pas de *doxa* Izen. Elle n'est qu'un chemin parmi tant d'autres que chacun peut emprunter pour parvenir à une sérénité et un épanouissement intérieur (individuel) et extérieur (collectif). Elle n'a pas l'ambition (terme rejeté par la philosophie Izen car l'*ambition* peut aller à l'encontre de l'empathie ou du partage et qu'elle est très souvent la traduction d'une volonté purement individuelle, égocentrique et narcissique ou le besoin de reconnaissance, de richesse et de pouvoir sont les seuls moteurs). Dire ou affirmer cela est contraire à l'esprit Izen et serait un manque de sincérité et d'authenticité. En revanche quand une « *ambition* » a un objectif noble, sans volonté de nuire à autrui et qu'elle vise à l'épanouissement de chacun, encore plus avec une portée sociale, nous l'acceptons et la nommons plutôt *projet de vie*.

Izen n'invente rien. Tous les sages de notre temps ou des temps anciens ont posé les bases philosophiques et pratiques (exercices) permettant à chacun de réfléchir à sa condition, son existence et de suivre un chemin de sérénité et de paix intérieure. Izen est donc une pratique d'exercices fondamentaux d'entrainement physique et mentale à la fois guidée ou libre. Guidé car Izen relève d'apprentissages progressifs tout au long de son engagement.

Libre parce que l'on peut suivre et s'approprier Izen et les huit pratiques fondamentales de manière indépendante et les adapter selon sa situation, ses aspirations et ses besoins.

Aux seules conditions d'être sincère, de respecter les valeurs portées par notre mouvement, d'être loyal et solidaire en toute circonstance.

Mais pour pouvoir engager de tels apprentissages et exercices, il est impératif d'avoir saisi le sens et la nature véritable de l'esprit Izen notamment au travers de ses différents niveaux d'engagement (et de pratique), son traité des cinq directions, les valeurs de notre philosophie, les seize éléments de vie et et les 16 éléments de non vie.

Et enfin le Tao Izen et les huit conditions véritables de la voie Izen.

LE TRAITÉ DES 5 DIRECTIONS

La recherche du sens et la quête de la sagesse peuvent nous amener dans différente directions. Une philosophie, une voie spirituelle, des convictions religieuses, des personnes ou projets inspirant peuvent nous guider dans telle ou telle direction. Dans la vie, des situations, des événements nous imposent chaque jour de faire des choix parfois difficiles. Il nous faut alors suivre une voie pour dépasser toutes ces difficultés. Quand nous sommes perdus sans boussole, nous pouvons emprunter plusieurs chemins.

Dans la philosophie Izen nous parlons des 5 directions. Mais pourquoi le chiffre. 5 est le chiffre universel et intemporel, qui fait référence aux 5 sens, aux 5 éléments, aux 5 continents mais aussi aux 5 doigts de la main, qui ont permis à l'homme d'évoluer depuis les temps préhistoriques jusqu'a note ère moderne.

C'est aussi une conception spirituelle où le chiffre 5 renvoie à un cercle vertueux de notions et de valeurs des plus concrètes aux plus abstraites.

1- Les Cinq constituants de l'être

Dans la philosophie traditionnelle chinoise, la nature est régie par les cinq éléments suivants l'eau, la terre, le feu, le bois et le métal.

Dans Izen, la vie a été conçue autour de cinq autres éléments que sont l'âme, la conscience, le corps, la respiration et le mouvement.

Dans La sagesse dans la vie, Schopenhauer faisait référence à Aristote quand ce dernier décrit les 3 biens de l'humanité : les bien intérieurs, les bien extérieurs et les bien de l'âme. Schopenhauer lui-même réinterprétera lui-même ce principe.

2- Les Cinq états de l'être

L'être humain a été conçus autour des 5 conditions suivantes

- qui j'ai été (il y a deux secondes, dans notre enfance)
- qui je suis (à l'instant présent)
- qui je veux être (dans mon idéal de vie)
- qui je ne veux pas ou ne plus être
- qui je serai (et le chemin qu'il me reste à faire pour atteindre mon objectif)

3- Les cinq orientations géographiques

Nord, Sud, Est, Ouest ou immobile (au centre de…).

4- Les cinq notions du temps :

Le passé, le présent, le temps qui passe (la conscience temporelle) l'accélération du temps (agitation, la précipitation), le futur.

5- Les cinq environnements de vie

La famille, les amis, le travail, les loisirs, son propre univers

LES HUIT VERTUS FONDAMENTALES

La sincérité, le courage, la volonté, la loyauté, le respect, la justesse, l'honnêteté, la tolérance

LES VALEURS INSPIREES DES SAMOURAIS

Ce sont les valeurs qui doivent accompagner chaque pratiquant tout au long de son engagement dans la voie Izen. Il doit essayer de l'appliquer du mieux qu'il peut à chaque moment de sa vie, dans chaque parole, chaque geste, chaque intention. Sans cela, son engagement et Izen n'auront aucun sens.

Je fais d'Izen ma famille, ma maison, ma demeure
Grâce à Izen je m'élève par-dessus les nuages, les arbres et les rivières
Tel un oiseau déployant ses ailes
Recherchant avec grâce et élégance
L'essentiel dans ce monde

***

Je fais de la méditation mon joyau

En méditant sans relâche avec régularité et sincérité je me prépare aux épreuves et aux événements de toute une vie

Seule la méditation permet de s'élever dans ce monde et dans les autres

Je fais de l'attention mon royaume

En restant attentif aux phénomènes, aux gens et aux choses, je peux mieux gérer ma vie personnelle, professionnelle et sociale Ainsi, je fais la part des choses entre le réel et l'imaginaire tout en restant attentif et ouvert à tout ce qui m'entoure

***

Je fais de la vigilance et de l'observation mes principes

Par la vigilance je vois clair dans l'esprit et l'intention d'autrui Ainsi j'évite les mauvais jugements et les conclusions hâtives et sans fondement

En observant la réalité et les choses telles qu'elles sont, je comprends mieux la nature profonde des êtres et des choses.

***

Je fais de la bienveillance et la tolérance mes vertus

En prenant soins de toutes les personnes qui m'entourent dans ma vie personnelle, professionnelle et sociale, je respecte mon engagement envers Izen

Rien ne peut s'envisager dans ce monde sans cette bonté ou bienveillance à chaque instant de ma vie

Ainsi je reste digne face aux difficultés et souffrances d'autrui

Je fais de l'honneur et la loyauté mes valeurs

Comment pourrait-il en être autrement ? Sans honneur pas e fierté. Sans fierté par de dignité. Sans dignité pas d'humanité.

Je place la loyauté envers Izen au-dessus de tout.

Seule, mon honnêteté et ma sincérité permettent de comprendre et réaliser Izen dans cette vie.

***

Je fais de jalousie et de l'envie mes ennemis

En regardant ailleurs et me détournant de l'essentiel, je fais naître en moi la frustration, la tristesse et la dépression

Ces sentiments-là m'éloignent peu à peu d'Izen et me plongeront tôt ou tard dans la colère, la haine voire la vengeance

***

Je fais de la distance et du détachement mon rempart

Seul le détachement permet de faire face à l'ignorance, la bêtise et l'injustice dans ce monde

En me mettant parfois et quand il faut à distance des gens et des choses je peux traverser plus sereinement les moments difficiles de la vie L'attachement ne permet pas de voir les choses telles qu'elles sont réellement

Il alterne mon jugement et empêche de prendre les bonnes décisions

***

Je fais de l'apprentissage et de l'entrainement mon quotidien Seul l'entrainement régulier et sincère permet de s'améliorer, de se perfectionner

Qu'il soit physique ou mental, l'entrainement permet de s'élever chaque jour un peu plus

***

Je fais du corps et de l'esprit une seule entité sacrée

Par la méditation, l'exercice physique et spirituel ainsi qu'une alimentation équilibrée Je préserve mon corps et mon esprit de la maladie et des excès En modérant mon comportement je pourrai rendre mon corps et mon esprit fort, sain et résistant me permettant de traverser la vie sereinement

ECRITS FONDAMENTAUX

Celui ou celle qui souhaite s'engager dans la voie Izen doit prendre le temps de lire les écrits ou les ouvrages que nous considérons faire partie de nos inspirations.

En lisant ou en relisant ces textes, en vous imprégnant des paroles et pensées de leurs auteurs, vous commencerez à comprendre le véritable sens de Izen. Néanmoins si Izen puise ses fondements entre autres dans ces ouvrages, il est important de se distancer de certains aspects notamment religieux qui ne correspondent pas à l'esprit et l'intention de notre philosophie.

Non pas que nous rejetons de quelque manière que ce soit, telle ou telle partie d'un écrit mais parce que Izen souhaite s'affranchir de tous aspects rituels ou religieux qui correspondrait à une approche plutôt solennelle et monacale de la voie. Izen ne se pose pas comme une variante ou un courant du bouddhisme. Il s'en inspire.

En plein débat sur la laïcité dans les espaces publics ou dans les établissements scolaires, Izen souhaite affirmer sa position claire et ferme et rappelle que la séparation de l'État et l'église a été une avancée sociale de très grande importance pour notre société.

Les lectures recommandées sont forcément le résultat d'un choix arbitraire mais fait en pleine cohérence avec l'esprit de la voie Izen. Nous ne vous conseillerons jamais assez de plonger dans des lectures notamment spirituelles, philosophiques ou sociologiques pour vous instruire, cultiver votre curiosité intellectuelle et élever votre esprit. Cela participera à votre compréhension du monde dans lequel nous vivons, toujours plus complexe où il est bien difficile de s'y retrouver. Il n'est nulle question de devenir un érudit sur des questions économique, politiques ou sociales ou un spécialiste des périodes historiques de la préhistoire à nos jours, mais simplement de trouver des sujets de réflexions et des questionnements nécessaires au cheminement vers l'accomplissement intérieur car il est fondamental de ne pas se couper de la société et ignorer le monde extérieur. Ceci étant réservé selon nous et d'une certaine manière à l'engagement monacal.

Les auteurs choisis l'ont été par la force et le sens qui ressort de leurs écrits et leurs inspirations qu'ils suscitent. Le choix a bien évidemment été difficile tant la littérature spirituelle et philosophique abonde. De Platon à Spinoza, en passant par les grands maîtres du bouddhisme notamment ceux du theravada ancien, mais aussi Montaigne, Rousseau ou bien Marcel Conche, Marcel Gauche et enfin Pierre Hadot, Michel Onfray.

La liste n'est bien-sûr pas exhaustive. Combien sont-ils ses auteurs, philosophe, écrivains essayistes à donner matière à réfléchir sur nous-même ou sur le monde.

Même si ne nous partageons pas toujours leurs opinions ou point de vue, nous ne pouvons pas passer à côté de leur œuvre.

Nous ne manquerons pas de faire références à des auteurs des ouvrages qui nous interpellerons et toucheront par leur intérêt et leur lien avec Izen. Les pratiquants seront également invités à suggérer des lectures afin de les partager au plus grand nombre, car avec tout le courage et la volonté que Izen peut apporter à chacun, il nous est forcément impossible de tout lire et nous saurions passer sans aucun doute, à côtés d'œuvres essentielles.

Dhammapada

Le Dhammapada est un recueil précieux de poésie et vers écrits de la main même du Bouddha. Parcourir cette œuvre spirituelle et délicate vous transporte dans un état de sérénité absolue. La quête de la sagesse est omniprésente et chaque pensée, chaque parole raisonne comment autant de messages d'espoir pour celui qui souhaite suivre une ligne de conduite intègre et sincère dont les maîtres mots sont calmes, sérénité, maîtrise et attention.

Dans cette œuvre essentielle pour toute personne qui souhaite réaliser Izen et l'accomplissement intérieur, on perçoit la justesse et la force de l'esprit du Bouddha. Il invite le lecteur et le pratiquant à une méditation spirituelle sur la vie, la compassion, la sagesse, la nature, le temps qui passe, la souffrance mais aussi les émotions qui nous traversent et nous transportent tout au long de la vie.

La lecture quotidienne de ce merveilleux recueil permet de se recentrer sur l'essentiel et de lâcher prise, quelques instants dans un monde en perpétuellement mouvement. Elle est ce moment précieux qui nous permet de nous reconnecter avec l'essentiel et la véritable nature de tout ce qui nous entoure.

Dans des moments de doutes ou de questionnements et face à l'absurdité la violence de ce monde, le Dhammapada se pose comme un îlot de réflexions et pensées positives, juste nécessaires à prise de conscience de sa propre existence et de sa place dans le monde.

Les enseignements du bouddha

Considéré comme l'incarnation d'une sagesse absolue, le Bouddha (l'éveillé) fût d'abord le prince Siddhârta Gautama ayant grandi dans un palais royal et ne manquant de rien. Pourtant cette vie de luxe et protégée du monde réel ne le lui apporta ni le bonheur ni l'épanouissement. Le prince, futur Bouddha, l'éveillé, décida d'aller visiter le monde extérieur. Ce voyage initiatique lui fera approcher de près la souffrance, notamment au contact de gens simples, parfois pauvres, parfois malades, souvent les deux. C'est après quarante neufs jours de méditation intense sous l'arbre de la Bodhi, qu'il parvint à l'éveil (nirvana). De cette événement fondamental est né la base de son enseignement qu'est le bouddhisme et les quatre nobles vérités : la souffrance, les causes de la souffrance, la sortie de la souffrance (pour atteindre le la libération et le chemin pour y parvenir). Si Izen n'est pas un courant bouddhique à proprement dit, il s'en inspire à chaque instant. Si Izen n'est pas un chemin pour atteindre l'éveil, il est une voie pour réaliser l'accomplissement intérieur et nous guider vers l'apaisement, la sérénité et un certain équilibre de vie où nos peurs nous effraient plus.

Bushido (l'âme du Japon)

Il y a quelque chose dans la culture japonaise qui a toujours fasciné l'Occident. Depuis des millénaires, cette culture s'est forgée autour notamment de la voie et l'esprit des samouraïs. Avant tout guerrier au service de leur maître (mais la vie n'est-elle pas un combat permanent) les samouraïs devaient voir un comportement irréprochable et exemplaire autant en période de conflit qu'en temps de paix. Le Bushido est le code moral chevaleresque dont les samouraïs se sont inspirés pour écrire leur propre code.

Le Bushido est un hymne aux valeurs humaines qui a pour ambition de porter l'être humain à un haut degré de morale et de sincérité et au final de sagesse. Car seules ces valeurs (honneur, justesse, sincérité, bienveillance, maîtrise de soi…) peuvent permettre aux hommes et aux femmes de vivre en harmonie et dans la paix civile. Mais au-delà de là cela, c'est à travers l'exigence de ces valeurs que chacun peut atteindre l'accomplissement intérieur. Comment pourrait-il en être autrement ? Peut-on basé son équilibre, son harmonie intérieure à partir de la colère, la souffrance, la haine, le mensonge, la violence de ses actes, l'intolérance ou la jalousie ou l'envie. Non rien de tel n'est possible si nous ne sommes nourris que de sentiments et d'émotions négatives. Bien sûr que chacun a son histoire, son passé, ses raisons d'être triste, malheureux, frustré ou mal dans sa peau. Mais est-il supportable pour soi et pour les autre de ne rien faire et de devoir imposer volontairement ou inconsciemment son mal être, ses peurs, ses angoisses à ceux que l'on aime ou que l'on apprécie pas forcément. La chose, j'en conviens n'est pas simple à gérer mais la force de s'en sortir, le courage et la volonté doivent nous aider à faire ce chemin vers la paix avec nous-même et réaliser l'accomplissement intérieur.

Les vertus du Bushido

Gi : Droiture et sens du devoir
Le guerrier doit faire preuve de rigueur et accomplir sa mission dans la justice.

Yu : Courage héroïque
Le courage n'est pas aveugle ; il est guidé par la prudence, la maîtrise de soi, l'intelligence et la confiance en ses propres forces.

Jin : Bienveillance et compassion
La puissance acquise à force d'entraînement intense doit être mise au service de tous. L'empathie est une force redoutable pour le combat.

Rei : Politesse et respect
Un samouraï est toujours courtois quoiqu'il arrive. Sa force intérieure et sa férocité se révèlent au bon moment.

Makoto : Sincérité et vérité
L'action rejoint la parole donnée. L'honnêteté est une marque de respect, base de toute relation humaine. Le manque de sincérité plonge le guerrier dans le déshonneur.

Meiyo : L'honneur
Un samouraï est seul juge de son honneur et ne se cache pas la face. Il accomplit son devoir selon des principes éthiques.

Chugi ou chu : Devoir et loyauté
Un guerrier honorable voue une loyauté infaillible envers son seigneur à qui il promet sa fidélité jusqu'à la mort.

Zen et Budo

Écrit par Philippe Coupey et Taisen Deshimaru, maître zen reconnu dans le monde entier pour son enseignement, Zen et Budo est un ouvrage essentiel pour comprendre l'essence même de la quête de la sagesse.

Notons que Deshimaru fût également un pratiquant d'arts martiaux de haut niveau notamment du Judo, mais qu'il cessa de pratiquer pour ne se consacrer qu'à la méditation zen.

Au-delà de ce courant du bouddhisme épuré et noble que nous respectons, mais ne pratiquons pas en tant que tel nous ne pouvons passer à côté d'une œuvre et d'une pensée aussi puissante que celle de Deshimaru. Sa vision claire des choses et de la réalité, les liens philosophiques et spirituels qu'il établit entre le zen et les arts martiaux sont à la fois profonds et poétiques.

Une inspiration au quotidien.

La méditation philosophique

Dans son ouvrage devenu une référence en la matière, Exercices spirituels et philosophie antique, le philosophe Pierre Hadot démontre comment la pratique des exercices spirituels provenant de l'héritage des penseurs de l'antiquité grecque devient essentiel pour celui qui recherche la sagesse dans la vie.

La théorie du voyage, Michel Onfray

Ce petit ouvrage du prolifique Michel Onfray est une invitation au voyage et à la découverte de l'autre mais au fond aussi de soi. Car le voyage ne peut pas être quelque chose d'unilatéral où la seule source de plaisir sera la sienne. Comme l'explique Michel Onfray et beaucoup de voyageurs passionnés, le voyage est un partage des cultures et des émotions. Bien que Onfray conseille de partir à deux, pour la part de complicité et de partage qui en découlent, le voyage reste une expérience personnelle d'une profondeur et une beauté, indispensable à celui qui recherche l'accomplissement intérieur. Car le voyage et les rencontres à la fois humaines et visuelles qu'il provoque, permettent à l'esprit de s'ouvrir et de s'élever donnant celui qui le réalise, un enrichissement intellectuel et spirituel inestimable.

Dans la voie Izen, le voyage qu'il soit proche ou lointain fait partie des pratiques fondamentales à réaliser tout au long de la vie. Comme on l'entend souvent depuis notre enfance les voyages formeraient la jeunesse. Heureusement, partir à la découverte de nos propres territoires et terroirs ou s'envoler au bout du monde profitent à tous les âges pour peu que l'on donne un sens à ses déplacements.

Méditer au quotidien

Hénépola Gunaratana est un moine bouddhiste de la tradition theravada dite ancienne car revendiquant les enseignements originels du Bouddha. Cette école authentique mais stricte (première méditation à quatre ou cinq heure du matin) est aussi connue sous le nom de la tradition des Moines de la forêt. Dans son ouvrage Hénépola Gunaratana nous enseigne la méditation comme chemin de vie et de réalisation de soi. Cet ouvrage remarquable nous montre comment la méditation peut élever l'esprit et l'âme d'une manière à la fois majestueuse et profonde. Que cela soit des techniques pour bien méditer ou des questionnements autour du sens véritable de la méditation, Hénépola Gunaratana démontre à la fois la simplicité et la puissance de l'exercice méditatif. Tout au long de cet ouvrage essentiel, l'auteur vous apporte des conseils précieux pour débuter et progresser dans votre pratique de la méditation. Il propose des techniques vous aidant à dépasser l'appréhension et les difficultés inhérentes à cet exercice exigeant et complexe tant il met en jeu notre capacité de lâcher prise d'attention et de concentration. Bien qu'il existe de nombreuses techniques pour méditer, Izen s'inspire en grande partie de la forme la plus ancienne de la méditation bouddhique.

Sagesse et éducation, René Barbier, **La sagesse dans la vie,** Schopenhauer, **Les huit marches vers le bonheur** Arnaud Desjardins, **Vivre au quotidien avec le TAO.**

Quatre ouvrages qui feront l'objet de longs articles dans notre revue et qui seront également abordés lors de nos rencontres ou stages à venir.

LES 16 ÉLÉMENTS DE VIE

Dans le domaine des sciences et plus particulièrement, on enseigne dès le plus jeune âge la notion d'éléments et d'ensembles. Dans Izen, les éléments de vie sont essentiels dans le cheminement de celui qui recherche l'accomplissement intérieur. Sans la connaissance et l'apprentissage de ces éléments, il est impossible de s'engager dans la voie, car l'ensemble qu'il constitue, participe à la compréhension et à la pratique de la Voie Izen.

Les éléments de vie sont l'essence même d'Izen. Chacun d'entre eux a une portée réelle, spirituelle et symbolique dans la vie du pratiquant.

On ne peut emprunter la voie Izen et s'accomplir intérieurement que si ces éléments ou ont été compris, pensés et intégrés au cheminement vers la voie. Ils donnent des repères que le pratiquant ne doit jamais perdre de vue, tout au long de sa quête vers Izen.

Les 16 éléments principaux de vie (ils feront l'objet d'un développement plus approfondis dans un ouvrage qui leur sera entièrement consacré).

L'esprit / Elément central et fondamental des éléments de vie

Le corps / Élément physique, corporel, charnel de notre entité, dont nous devons prendre soin au quotidien. La question du corps et du rapport au corps est fondamentale dans la philosophie Izen.

Famille

Elle est l'élément essentiel dans la construction psychique et sociale de tout être. Avoir grandi dans un environnement familial positif et sain donne toute les chances pour un enfant de devenir un adulte équilibré, responsable et capable de traverser la vie plus sereinement. Une famille toxique ne permettra en général pas un développement sain et serein et provoquera la plupart du temps tout le contraire.

L'amitié

Elle participe au développement et l'épanouissement de chacun et d'avancer dans la vie avec confiance et sérénité. Les amis sont précieux et on les compte parfois sur les doigts d'une main. Ceux que l'on garde toute une vie font partir de ces trésors rares et précieux.

Le langage

C'est la capacité d'exprimer une pensée et de communiquer avec les autres. Nous devons nous efforcer d'utiliser un langage respectueux et compris de tous.

La conscience.

Aussi mystérieuse qu'insaisissable au sens propre comme au sens figuré, la conscience est un des éléments constituants de l'être.

La nature

Nous devons la protéger, la préserver car elle est un élément essentiel de notre vie voire de notre survie. La détruire c'est nous détruire à petit feux.

Et nous en prenons malheureusement le chemin

Les arts.

Il représente pour nous, la capacité de création et d'interrogation sur notre monde. Une manière aussi de croire en l'avenir d'un point de vue artistique et culturel.

La connaissance

Mieux se connaître, mieux connaître l'autre, acquérir des connaissances permettant de développer son esprit critique, sa curiosité sur tout ce qui nous entoure.

Les émotions

Nous ne pouvons pas fuir éternellement nos émotions. Elle est la preuve de notre sensibilité, notre humanité. Mais savoir les gérer est également fondamental.

Le mouvement

Izen c'est l'esprit et le mouvement. Plus précisément le corps en mouvement. Ce qui permet de préserver sa santé, ça bouger, faire de l'activité physique ou sportive font partie intégrante de notre philosophie. Le mouvement c'est aussi la vie.

La transmission

Transmettre Izen et ses valeurs, ses principes et ces concepts, devra se faire dans toutes les situations de la vie mais ne devra jamais être imposée, mais seulement être proposé et suggérer car l'esprit critique et le libre arbitre, font justement partie des fondements de Izen. Transmettre c'est aussi partager.

L'éducation

Elle est le socle de tout développement de l'être social, celle qui fera la femme ou l'homme que l'on deviendra à l'âge adulte.

Il existe autant d'éducations que de personnalités, mais certaines ne peuvent pas être compatibles avec la philosophie de Izen. Celles qui mènent à l'obscurantisme, la haine de l'autre et l'intolérance. Quel qu'en soit les raisons ou motivations invoquées.

La bienveillance

Mot que certains dirons simpliste voire galvaudé et pourtant. La bienveillance n'est pas un vain mot. Car nous pouvons verser dans l'irrespect, la violence psychique, l'insulte sournoise et la méchanceté sans que nous voyons la chose venir. Nous devons à tout prix faire en sorte que la bienveillance ne soit pas une tendance, mais une attitude sincère pour préserver le vivre ensemble.

L'espoir

Il aide à avancer dans un monde de plus en plus absurde. Il donne ce courage de s'accrocher et tenir malgré les vents contraires. Il nourrit notre imagination et notre créativité. Il permet d'entrevoir un monde meilleur.

La mémoire

C'est une trace de l'histoire, c'est aussi cette capacité de se souvenir des belles choses mais aussi celles qui nous hantent. Parfois la mémoire est défaillante et nous cherchons tant bien que mal dans nos souvenirs d'enfance ou d'adolescence des images qui nous permettent de ne pas oublier d'où l'on vient pour savoir qui l'on est.

LES 16 ELEMENTS DE NON-VIE

Les éléments de non-vie sont tous les éléments toxiques qui empêchent les êtres humains d'avancer positivement et sereinement dans la vie. Pourtant ils sont indissociables des éléments de vie. A l'instar du Yin et du Yang, l'existence humaine est faîte de forces positives et de forces négatives, du tout et de son contraire.

Les éléments de non-vie peuvent amener chacun d'entre nous à traverser des moments de douleurs physiques ou psychiques extrêmes et dans ces situations nous essayons de les surmonter même si parfois nous n'y arrivons pas. La question du sens de la destinée se pose. Peut-on aller à l'encontre des pires situations ? Les éléments de non-vie nous confrontent à notre propre destinée et à celle de toute l'humanité.

Ils sont :

La domination, les conflits, le pouvoir, l'obsession de l'argent, le racisme, l'attachement négatif, le matérialisme, l'abandon, la jalousie, les peurs, le jugement, l'indifférence, l'aveuglement, l'indifférence, la maladie, l'ignorance.

TAO IZEN

Le Tao Izen est un recueil de pensées, de réflexions mais aussi de souvenirs de Daniel Tien Nguyen, fondateur de la voie Izen. L'ensemble du Tao, qui en comprends quatre-vingt, reflète l'esprit la philosophie et l'esprit de la voie Izen et aborde entre autre le questionnement du sens, le rapport a soi et à l'autre, la relation avec la nature, la puissance de ma méditation et les vertus du silence, les huit pratiques fondamentales.

Voici quelques-unes de ces pensées.

La sagesse est le miroir de l'âme de celui qui a atteint la conscience ultime de soi et du monde qui l'entoure.

***

"Les, peurs, l'angoisse, les doutes sont des émotions normales que tout le monde peut ressentir. Mais seul un esprit sage et apaisé peut les transcender et les transformer en une énergie positive.

***

"Chaque jour nous courons après le bonheur dans le travail, dans la vie amoureuse ou familiale, dans les relations amicales, dans les loisirs, les passions ou la lecture. Arrêter vous instant dans cette quête légitime et observer de temps en temps juste une fleur éclore, apparaître comme un cadeau inestimable.

Dans la méditation, l'ego disparait pour laisser place à une liberté insoupçonnée. Celle d'être soi.

***

On peut tout faire pour chercher un peu de calme et de sérénité dans ce monde. Prier, méditer, s'isoler, partir dans un endroit propice au recueillement. Mais sans la sincérité, tout ce que l'on entreprend pour atteindre notre but ultime, la sagesse, reste vainc.

***

"Il y dans la folie des hommes quelque chose de fascinant et d'inquiétant qui nous renvoie au plus sombre de notre nature humaine. Sommes-nous tous fous ? Je vous laisse méditer sur cela"

***

Vivre l'instant présent quand nous vivons dans un monde en perpétuel mouvement. Voilà le défi de notre société modéré. Quand certains esprits aguerris font l'éloge de la lenteur, alors nous nous interrogeons « puis - je m'arrêter un instant, observer et contempler. Vous seul avez ma réponse.

Nous regardons sans vraiment observer, nous écoutons sans vraiment comprendre. Et nous méditons souvent sans vraiment réaliser. La médiation est source de vérité et l'authenticité. Ne l'oublions jamais.

***

La société actuelle nous impose d'avoir toujours plus, d'obtenir toujours plus. La médiation n'apporte rien de plus, juste la liberté et le bonheur de ne rien posséder

"Il y a toujours plus beau, plus intelligent, cultivé, plus érudit, plus heureux que soi. Se dire qu'i y a toujours moins beau, moins intelligent, moins cultivé, moins érudit, plus malheureux que soit pour se consoler n'est pas digne de quelqu'un qui recherche la sagesse. "

***

La sagesse n'est pas innée sinon le monde serait bien meilleur qu'il ne l'est.

Les clichés sont le pire ennemi de la tolérance et de la compassion. Ils aveuglent celui qui croient tout savoir sur l'autre et engendre des jugements stupides et non fondés. De cette ignorance né l'indifférence et le rejet. Pire encore, la haine le racisme e la xénophobie.

***

Vouloir atteindre la sagesse n'est pas le but ultime. En réalité, le but ultime et de quitter cette vie en n'ayant aucun regret. La tâche est immense. J'en conviens.

***

Philosophez, écrivez, lisez, réfléchissez, posez-vous des questions. Mais surtout pratiquez, entraînez-vous, exercer vous au quotidien. Seule la pratique régulière et sérieuse peut amener à l'amélioration et la transformation de l'âme et de l'esprit.

L'abandon, la séparation, la perte d'un être cher sont à l'origine des plus grandes souffrances de l'homme. Quand vous traversez un moment douloureux dans votre vie, confiez vois à un être en vous avez la plus grande estimé et une confiance absolue. Si cette personne vous tend la main, ne la refusez pas. Libérez vos émotions, laissez couler vos larmes. Puis, un jour, procurez-vous un coussin de méditation, asseyez-vous et méditer. Méditer. Méditer sans relâche. La méditation sera votre plus grand réconfort.

***

Un jour si l'étincelle dans votre cœur s'éteint après un moment douloureux, n'essayez pas de la raviver tout de suite. Prenez le temps de comprendre ce qui est passé en vous. Prenez du recul et de la distance par rapport au phénomène, aux gens et aux choses. Pour cela méditer. Seule la méditation permet de créer cet espace nécessaire à la résilience. Et à un moment l'étincelle rejaillira dans votre cœur.

***

Le printemps est propice aux ressourcements et à l'afflux d'énergie vitale et positive. L'été est l'occasion de marcher, de faire une véritable pause, de se promener et se reconnecter avec la nature et soi-même. L'automne permet de se régénérer avant les mois plus froid qui s'annoncent.

Contempler les couleurs de la nature, qui vous entoure et préservons autant que nous pouvons. L'hiver est le temps du repos et l'introspection. Pour certains du froid et de l'isolement. C'est le moment de méditer de manière sincère. En réalité la méditation devrait être pratique sans relâche et suivre le cycle des saisons. Printemps, été, automne, hiver et... printemps

***

Un jour où je fus en grande difficulté à la suite d'un échec personnelle, je ne savais pas comment surmonter ce moment douloureux. Sur mon chemin du retour une vielle dame me vit pleurer. Elle me regarda et m'adressa un sourire. Je ne sais pas pourquoi mais cet événement m'est resté graver à tout jamais dans mon esprit. Si le sourire n'empêche pas les guerres et les atrocités de ce monde, en revanche il permet de rester digne et garder l'espoir.

***

Dans la photographie, comme aimai le dire l'immense Henri Cartier Bresson, l'instant est décisif. Dans la médiation l'instant présent est essentiel.

Comment en aurait-il autrement ?

***

Chaque jour, nous sommes nombreux à nous mettre la pression rendant parfois la vie impossible pour les autres.

Toujours pour de bonnes raisons me direz-vous. Les objectifs au travail, la reconnaissance de ses pairs, l'éducation et la réussite des enfants, la vie amoureuse ou les relations sociales. Alors pendant une journée essayez de méditer puis de vous débarrasser de ce comportement toxique. Alors s'offrira à vous une toute nouvelle vie.

On vous a tous enseignés ce principe fondamental, si on vous frappe ou fait du mal, tendez l'autre joue. En réalité, nous ne devrions jamais tendre l'autre joue.

***

Toute la vie j'ai parcouru la planète à la recherche de mes origines. Cette quête identitaire longue et enrichissante m'a amené à faire un tour du monde depuis Paris jusqu'à Québec. Je ne pouvais pas aller plus loin dans ce long périple.

Au bout d'un an de rencontres extraordinaires, de découvertes culturelles et géographiques exceptionnelles je n'avais toujours pas trouvé qui j'étais. Il fallut plusieurs mois après mon retour en France pour retrouver mes repères.

C'est bien des années plus tard que j'ai commencé à méditer. Je ne savais que j'allais enfin savoir qui j'étais ou d'où je venais. La méditation à cela d'unique. De percevoir la vraie nature des choses et d'enfin percevoir la réalité telle qu'elle est vraiment.

La jalousie est-elle une preuve d'amour, quand elle est modérée. Est-elle un défaut quand elle devient difficile ? Une pathologique quand elle est maladive? En tout cas la jalousie peut être dévastatrice quand elle devient incontrôlable. Source de colère, de frustration et de méchanceté parfois elle est avant tout une faille dans son estime de soi avant d'être un grand manque de confiance en l'autre.

***

Quand j'observe les arbres, les étangs, les beautés des paysages magnifiques que nous offre la nature, je remercie la vie pour cette offrande inestimable. Quand je regarde ce que les hommes en font pour des raisons purement capitaliste et consumériste, la tristesse et l'incompréhension m'envahit. Que devons-nous faire pour arrêter le massacre

***

Inconsolable. Chaque jour l'humanité toute entière est un meurtri dans son sang et dans sa chair. Dons âme et sa conscience. Et cela dire depuis que l'homme existe. Destin universel, fatalité collective, karma individuel?

***

Un grand philosophe disait qu'une manière de se préserver moralement et psychologiquement, c'était d'anticiper et prévoir que nous allions rencontrer chaque jour une personne méchante, toxique et mauvaise. Bien que ce conseil soit de bon augure et donc à suivre, dite vous également que dans cette la journée vous pourriez également croiser le chemin d'une personne bienveillante, rassurante à l'aura et l'énergie positives vous amenant dans un sentiment de confiance et d'apaisement aux bénéfices immenses.

***

Commencer à développer l'attention, apaiser l'esprit agité et s'asseoir en silence ne vous apportera ni sagesse ni bonheur immédiat. Tout au plus un début de prise de conscience de la vraie nature des choses. Ce qui en soit est déjà une révolution intérieure.

Vous pouvez lire toutes les philosophies du monde, toute la littérature sur la sagesse, toutes les publications scientifiques sur la spiritualité, rien ne pourra se réaliser intérieurement si vous n'êtes pas sincère dans votre démarche. Seule la sincérité à le pouvoir de transformer et améliorer l'âme et l'esprit.

***

Le silence n'est pas seulement une des conditions nécessaires pour développer l'attention et la concentration. C'est surtout le seul chemin qui mène à la compréhension de soi et l'accomplissement intérieur.

On parle beaucoup en ce moment de la perte des valeurs mais aussi de certains repères nécessaires au vivre ensemble : respect, tolérance, partage, entre aide, solidarité. Devons-nous constater cela avec résignation ou lors devons-nous réagir aussi bien individuellement que de manière collectivement ?

***

Il de notre responsabilité à chacun de préserver ces valeurs qui sont au fondement d'une société humaine et solidaire.

***

Prendre soins de soi paraît une évidence qui dans les faits n'est pas forcément aussi évident. Le rythme harassant de la vie quotidienne nous éloigne un peu plus chaque jour de l'essentiel.

***

La nature humaine a cela d'ambivalent. Elle peut être bienveillante ou cruelle. Généreuse ou égoïste. Sensible ou froide. Celui qui recherche un peu de sagesse dans sa vie, essaiera jusqu'à son dernier souffle, de lutter contre sa part sombre. Car nul, dans ce monde, n'en épargné. La nature humaine est ainsi faîte.

TROISIEME PARTIE

PRATIQUER, VIVRE ET REALISER IZEN

Izen est né de ce désir, sans doute simpliste et naïf (donc utopique) de voir émerger une conscience individuelle et collective tendant vers un idéal d'une société basée sur la bienveillance, le respect, l'humilité et le (savoir) vivre ensemble. Nous pourrions nous demander quel est l'intérêt d'une telle quête au regard des réalités du monde actuel : chômage, violences, corruption, attentats, radicalisation, catastrophe climatiques ... Izen n'est pas une pratique religieuse ou rituelle comme elle se fait dans des lieux de cultes ou dans des lieux de retraite temporaire ou permanente comme les temples ou monastères.

Izen est à la fois une vision claire et juste de la réalité et de ce que l'on vit et ressent à chaque instant de notre vie...

Izen est un choix et une manière singulière de penser et vivre le monde, basé sur une attitude noble et sincère.

Celui qui choisit Izen s'engage à transmettre des valeurs de de partage, de d'ouverture d'esprit, de respect, de tolérance et de bienveillance aussi bien dans sa vie personnelle que professionnelle.

Diffuser et transmettre Izen dans la société pour changer les rapports entre les personnes. Pour bâtir un monde non pas utopique ou idéaliste mais un monde meilleur pour les futures générations.

Izen ne rejette pas la société moderne actuelle mais prône des valeurs humanistes, justes, sincères et authentiques.

Izen puise ses fondements dans la culture asiatique ancestrale tout en conservant des idées occidentales modernes comme l'esprit d'initiative, la créativité, le développement et le progrès social, l'apprentissage, la préservation de l'environnement, le développement durable, l'égalité et la diversité.

IZEN (以前) en japonais signifie Autrefois.

Izen prend en compte chaque être, chaque chose et chaque phénomène depuis sa naissance jusqu'à la fin de son cycle (la vie, la mort).

Tout comme les historiens, celui qui s'engage dans Izen doit connaitre et prendre en compte le passé (le sien et celui des autres) pour comprendre ce qu'il y a de positif ou de négatif dans le présent.

Seule condition pour construire un futur qui ait du sens.

Izen c'est un engagement philosophique, spirituel et humaniste à la fois moderne et traditionnel qui s'appuie sur des convictions et valeurs fortes.

Izen n'est ni politique, ni religieux ni dogmatique. Izen n'est ni une croyance institutionnalisée ni une secte élitiste.

Elle n'est qu'un élément de réflexion que chacun et chacune peut s'approprier seul(e) s'il le désir ou au sein d'une Résidence (groupe), pour progresser, s'améliorer, s'élever humainement et spirituellement tout au long de la vie.

Pour cela chaque personne, engagée, résidente ou non, doit porter toute son attention sur l'essentiel : le respect, l'ouverture d'esprit et le vivre ensemble.

Sans cette attention de tous les instants il sera impossible de comprendre, pratiquer, réaliser et atteindre Izen à savoir un niveau spirituel et philosophique garant d'une conduite et une attitude noble, sincère et respectueuse.

Izen invite tous ceux et toutes celles qui le souhaitent, à s'engager dans la Voie. Chacun(e) sera accueilli(e) sans distinctions d'âge, d'origine et de sexe.

Seule la qualité (voir les huit valeurs fondamentales) de leur engagement pourra leur permettre d'être accepté au sein d'une résidence (groupe de pratiquants engagés) et suivre le chemin qui met vers Izen.

Mais celui qui s'engage dans cette voie se doit d'avoir un comportement digne de la voie au sein de sa famille, de son réseau social et dans son environnement professionnel, en transmettant les valeurs d'Izen sans toutefois les imposer.

Transmettre ne signifie donc pas imposer mais juste se comporter en respectant à chaque instant les valeurs et les valeur de notre mouvement. Chaque pratiquant engagé dans Izen devra laisser une trace dans son passage pour les générations futures.

Pour s'engager dans la voie Izen, chaque pratiquant doit connaitre, apprendre et respecter les valeurs et les préceptes du Code de la voie Izen.

Chacun en son âme et conscience se doit d'être fidèle aux valeurs de la voie Izen. Il est donc libre de s'engager dans la voie comme il peut de lui-même en sortir s'il n'est plus en accord avec Izen ou s'il n'est ou plus capable de respecter le nos valeurs. Nul ne pourra lui reprocher sa prise de conscience et son retrait d'Izen.

PRATIQUER IZEN

Nous avons vu que Izen tire sa substance de la rencontre entre les philosophies occidentales et celles venues d'Extrême-Orient (principalement de l'Asie du sud-est et du Japon). L'occirientalisme est donc le fruit métissé de cette fusion qui est l'essence même d'Izen.

Mais si les fondements et les concepts de cette philosophie consiste qui se traduit par une recherche d'une certaine sagesse et de l'accomplissement intérieur , ils restent essentiellement théorique. Izen trouve alors son véritable sens dans les huit pratiques fondamentales. Ainsi, le pratiquant engagé qu'il soit novice ou confirmé doit s'exercer et s'entrainer, si ce n'est au quotidien, au moins le plus régulièrement possible. Car l'on sait qu'un tel engagement demande une exigence qu'il est parfois difficile de remplir, dans le chaos de la vie quotidienne. L'idéal serait de se tenir à une parfaite discipline et une rigueur à toute épreuve.

Izen apprend aussi à percevoir et connaître ses limites. Et parfois il est important de pouvoir lâcher prise et de se laisser à quelques absences ou rêves en dehors de toute pratiques. Nous appellerons ces moments des *Pauses vitales* qui pourraient s'apparenter à la nécessaire récupération par une période prolongée ou intense d'activité physique. Un grand maître de la méditation expliquait à un de ses élèves, que quand il avait du mal parfois à entrer en méditation sincère profonde, il préférait laisser passer quelques séances voire quelques jours sans méditer, afin de pouvoir lâcher prise, ne pas s'enfoncer dans des jugements ou sensations négatives afin de revenir apaisé et de nouveau prêt pour sa pratique. Nous devrions tous nous inspirer de ce grand maître.

La voie vers l'accomplissement intérieur est donc avant tout un cheminement de pratiques et d'exercices concrets qui va permettre de développer et forger l'esprit et le corps. Comment pourrait-il en être autrement. L'amélioration et le perfectionnement en toute chose exige de se donner les moyens pour parvenir à atteindre ses objectifs. Que cela soit dans sa vie personnelle que dans sa vie professionnelle. Et seuls, un entrainement régulier et une discipline éprouvée permettront de s'engager dans la voie Izen et de passer les différentes étapes vers l'accomplissement intérieur.

La voie Izen est destinée à tous ceux qui comprennent la nature profonde de cette philosophie, de cette art de vivre et qui souhaite engager un vrai travail sur soi dans un seul but parvenir à un haut degré de pratique spirituelle permettant l'amélioration et la transformation de l'âme et de l'esprit.

Mais je dois insister sur un point. Si s'engager dans la voie c'est accepter une certaine régularité, discipline et rigueur (donc parfois avec difficulté, voire de la lassitude ou du découragement) notamment dans la pratique des huit exercices fondamentaux, cette pratique doit se ressentir, se vivre et se réaliser avec bonheur et plaisir autant que possible. Car si Izen est long parcours pouvant et devant prendre toute une vie, elle ne doit pas être un chemin de croix ou un sacerdoce insurmontable. Si un seul des huit exercices fondamentaux est pratiqué et qu'il permet à celui qui a choisi cet engagement de trouver l'épanouissement et la satisfaction, alors Izen aura eu tout sens. N'oublions donc pas le mot plaisir, car sans plaisir il est difficile pour la grande majorité des gens de poursuivre un effort qu'il soit physique, mental ou spirituel.

L'ENGAGEMENT

L'engagement dans la voie Izen doit être avant tout sincère authentique et murement réfléchi. On ne s'engage pas dans la voie par défaut ou par dépit. Rien n'empêche non plus de venir vers Izen après avoir exploré d'autres voies qui n'ont pas donné satisfaction.

Mais si l'on fait le choix de la voie Izen, c'est parce qu'elle correspond réellement à des convictions des aspirations venues du plus profond de soi. L'engagement dans la voie Izen, à savoir l'acceptation des conditions de pratique et du code Izen, peut-être personnel ou solennel (engagement effectué lors d'une résidence, un séminaire par exemple) Il est important de noter que Izen est une voie avant tout personnelle de changement et de transformation de l'esprit et le l'âme menant à l'accomplissement intérieur et donc de soi.

L'engagement solennel n'est donc en aucun cas une obligation pour qui veut emprunter le chemin voie Izen. Mais pour celui qui veut inscrire sa démarche dans une conscience collective, le partage et l'échange, rejoindre un groupe de pratiquants résidents, prendra un tout autre sens et permettra à celui qui fera ce choix de progresser dans la voie tel un pratiquant d'art martiaux qui atteindra un haut niveau de pratique grâce son professeur et ses partenaires.

Il existe huit niveaux d'engagement qui correspondent à une progression dans la voie. Ces paliers peuvent être franchis d'une manière objective (avec comme principale élément de progression l'exercice de méditation et la participation aux rencontres, réunions, séminaires et conventions) ou de manière subjective (pratique hors résidence et personnelle de la voie, auto-progression).

Dans les deux cas, le pratiquant devra se référer aux différents niveaux de la voie pour se situer tout au long de son engagement.

Niveau 1- Engagement préparatoire (pendant un an)

L'engagement préparatoire dure un an (de septembre à juin) et consiste essentiellement à faire le choix de la voie Izen en prenant le temps de lire, de comprendre la nature véritable de la voie et en s'initiant aux différents exercices fondamentaux et notamment l'exercice méditatif qui doit pouvoir durer jusqu'à huit minutes. Comme n'importe quelle discipline, l'apprentissage est progressif et doit être sincère.

On ne court pas le marathon du jour au lendemain. On ne médite pas pendant cinquante minutes ou plus après quelques séances. Toute pratique demande du temps et de la patience. Le pratiquant doit effectuer cette année préparatoire chez lui avant de proposer son engagement solennel au sein d'une résidence. Avant cela il devra avoir le livre fondateur, *Izen, la voie pour une sagesse moderne* et compris le Traité des 5 sens, les 16 éléments de vie et de non vie ainsi que le code des préceptes Izen. Il devra également avoir lu au minimum le Dhammapada, le Bushido (l'âme du Japon) et les enseignements du Bouddha.

Niveau 2 - Engagement premier (2 ème année)

Premier niveau d'engagement véritable dans la voie Izen. Premier pas vers le début d'une révolution intérieure qui demandera de nombreuses années avant d'atteindre le niveau loyal, le plus haut niveau d'engagement dans la voie. Mais avant d'atteindre ce dernier niveau chaque pratiquant, chaque résident devra acquérir les bases et les fondements d'Izen. Apprendre et réapprendre sans cesse. Pratiquer sans cesse car seule l'entrainement régulier peut vous amener au changement véritable. Dans ce niveau d'engagement vous avez atteint une médiation qui peut durer jusqu'à 16 minutes.

Niveau 3 - Engagement officiel (3ème année)

L'engagement solennel est une étape importante dans la voie Izen. Il est l'aboutissement de l'engagement premier. Parvenir à ce niveau d'engagement est décisif. Certains s'interrogeront, douteront de leurs convictions, de leur sincérité mais aussi du véritable engagement et de la nature profonde la voie Izen. Il sera important à la fin de cette étape de participer à une Résidence pour confirmer solennellement le souhait de continuer son engagement au sein d'une Résidence officielle. Pour ceux qui continueront, l'Engagement officielle vous amènera à un pratique confirmé de la voie zen. Le temps de méditation peut atteindre 24 minutes.

Niveau 4 - Engagement confirmé (4ème année)

Trois années d'engagement sincères et authentiques sont nécessaires pour parvenir à ce niveau. Tout comme le niveau avancé, le passage officiel à ce niveau est conditionné par la participation à une résidence confirmée de 3 jours et l'accord du fondateur pour poursuivre au stade suivant. La pratique méditative peut durer à ce niveau jusqu'à 32 minutes. Il demande une exigence élevée de soi-même pour pouvoir vivre et pratiquer Izen à chaque instant de sa vie. Quand on atteint ce niveau d'engagement, on accompagne les nouveaux résidents dans la pratique des 8 exercices fondamentaux.

Niveau 5 - Engagement avancé (5ème année)

Pendant cette période, le pratiquant se perfectionne encore dans la pratique des 8 exercices fondamentaux. Il a un regard critique sur sa pratique et se remet en question afin de tester sa sincérité dans la voie. Il pratique la méditation jusqu'à quarante minutes. Pour passer au niveau supérieur fondamental, il participe à une résidence de 5 jours. Celui qui s'engage à ce stade est amené à animer et conduire une résidence locale ou régionale

Niveau 6 - Engagement fondamental (6ème année)

Cet engagement transitoire avant l'avant dernier niveau à atteindre, confirme le haut niveau de pratiques des huit pratiques fondamentales ainsi que la grande implication des pratiquants et résidents. Les sessions de méditation peuvent atteindre une durée de 48 minutes. La capacité d'attention et de concentration est à ce stade très élevée.

Niveau 7 - Engagement supérieur (7ème année)

C'est le niveau d'engagement le plus élevé avant d'atteindre le niveau le plus haut L'engagement Loyal. L'engagement supérieur implique un respect total envers Izen, ainsi que les pratiquants résidents.. Mais aussi accompagner et soutenir des nouveaux pratiquants au sein de Résidences ou séminaires. L'engagement supérieur implique une confiance totale du fondateur et des autres pratiquant notamment ceux ayant atteint ce niveau d'engagement. 8 années de pratiques, de réflexion, de lectures, de remises questions et de participation sont nécessaires.

La préparation d'un mémoire d'étude et de réflexion portant sur son engagement ou sur une question philosophique, sociale ou spirituelle, une pratique méditative pouvant atteindre 56 minutes et une pratique quasi quotidienne des 8 exercices fondamentaux et la participation à une résidence supérieure de 8 jours sont indispensable pour pouvoir atteindre ce niveau.

Niveau 8 - Engagement Loyal

C'est le plus haut niveau d'engagement dans la voie Izen. Le plus noble et le plus sincère. Un engagement entier et reconnu personnellement par le fondateur de la vie Izen lors d'une Résidence, réservées aux pratiquants et résidents qui auront montré et démontré une véritable implication au sein des différentes résidences et une totale loyauté envers Izen.

A partir de ce stade, les résidents et pratiquants ont un atteint un haut degré de pratique, de bienveillance et d'attention dans leur vie personnelle, professionnelle et sociale. La méditation dure jusqu'à soixante-quatre minutes et plus selon les sessions. Le passage à ce niveau est conditionné par la direction d'une résidence fondamentale ou supérieur et la soutenance d'un mémoire d'étude et de réflexion initié au niveau d'Engagement supérieur.

Seul le fondateur et des pratiquants ayant atteint le niveau d'Engament loyal pourront confirmer ce niveau d'engagement.

Les huit conditions ou huit niveaux de conscience vers l'accomplissement intérieur

Les huit conditions afin de réaliser Izen (l'accomplissement intérieur) s'inspire du noble sentier octuple que l'on retrouve dans les enseignements bouddhistes. Dans la philosophie bouddhiste ces étapes correspondent au cheminement qui permettra de sortir de la souffrance et atteindre l'éveil (nirvâna). Dans la philosophie Izen ces huit étapes représentent la voie à emprunter pour amorcer le changement chez chacun et atteindre Izen. Plus que le but à atteindre, c'est la démarche et l'intention, la volonté et le courage qui comptent avant tout. Car l'accomplissement intérieur s'il n'est pas réservé au seul pratiquant initiés et confirmés (à partir de 8 ans d'engagement dans la voie), il demandera une grande exigence de rigueur, discipline, régularité et sincérité dès les premiers mois de pratique.

Compréhension

La première étape qui vous mènera à réaliser l'accomplissement passe par la compréhension d'Izen, de soi et du monde. Comprendre Izen, c'est à dire comprendre le sens véritable de la voie tant dans sa dimension spirituelle que philosophique. Il ne s'agit donc pas d'avoir seulement lu les le Traité des cinq direction ou appris par cœur les préceptes ou éléments de vie. Non il faut comprendre et percevoir la vraie nature de la voie Izen. Pour cela, il faut être capable de ressentir la voie comme quelque chose de vitale dans son existence. Il ne peut pas y avoir d'engagement sans une compréhension juste et entière de Izen.

Cette compréhension s'acquiert pour une partie par l'esprit et les prédispositions de chacun, pour une autre partie par les textes, les exercices fondamentaux et les échanges avec le fondateur de la voie Izen lors de rencontres organisées au sein des résidences (lieux de pratique, partage et de discussion).

Après avoir compris la vraie nature de la voie Izen, le pratiquant doit engager un véritable travail sur lui-même afin de parvenir à une vision juste et honnête de lui-même. Le célèbre adage de Socrate, "connais-toi toi-même" raisonne comment autant de vérité dans la voie Izen. Tout comme dans le code du Samouraï où "Aucun maître ne peut enseigner si ce n'est la connaissance de soi". Cette connaissance de soi fait partie de cette nécessité absolue de compréhension et de clairvoyance. Pour comprendre Izen, il faut se comprendre. Savoir qui on est, d'où l'on vient.

Comprendre notre fonctionnement psychologique, notre personnalité, nos qualités, nos faiblesses, nos réactions, notre potentiel, nos capacités, nos limites, nos ressources, nos défauts, nos failles. Seule cette connaissance approfondie de notre être permettra un engagement authentique et sincère dans la voie.

Enfin quand on a compris la vraie nature de Izen et essayer de se comprendre soi-même (ce qui n'est pas le plus aisé j'en conviens) il apparaît indispensable de comprendre ou tout au moins de tenter de comprendre et d'appréhender le monde et la société dans lesquels nous vivons.

Réflexion

Nous avons tous une manière de penser ou réfléchir qui provient à la fois de notre propre caractère, notre propre personnalité (inné) ou bien de notre éducation, notre instruction et note expérience de la vie depuis notre petite enfance (acquis).

Mais la première chose nécessaire pour atteindre Izen et la capacité pour chacun de pouvoir penser Izen à chaque instant de sa vie. Tous les moments de la journée sont propices à avoir une pensée positive en lien avec la voie. La première chose que l'on devrait faire au réveil est dépenser Izen notamment en pratiquant assidument l'exercice méditatif. Ensuite nous devrions avoir une pensée pour tous nos proches vivant ou non encore dans ce monde (nos parents, nos enfants, nos grand parents, nos ancêtres, nos amis, notre famille).

Également une pensée pour tous ceux qui souffrent dans le monde de maladies, de violences, de guerre mais aussi de la misère sociale, de la solitude, de l'abandon ou l'isolement. Tout le monde ne peut pas être actif et mobilisé sur le terrain social ou humanitaire mais tout le monde devrait avoir une pensée sincère pour ceux qui souffrent quotidiennement.

Et puis nous devrions avoir une pensée pour la planète et son environnement naturel qui est en danger, qui se dégradent sois la folie des hommes et notamment de la pollution incessante et croissante. Nous sommes tous malheureusement plus ou moins responsables. Alors penser à nos actes c'est une première étape vers le changement intérieur. Comme le dit la bouddha la pensée précède l'action. Mais pour bien penser il est utile de se nourrir de la réflexion des autres.

Car penser dans la voie Izen c'est aussi réfléchir et méditer sur le monde qui nous entoure. L'accomplissement intérieur ne peut se faire sans une connexion avec l'extérieur ? D'où la nécessité de penser le monde dans sa globalité et sa diversité. Nous ne sommes qu'élément du tout, de l'ensemble, de l'univers. Penser et prendre conscience de cela est nécessaire pour que veut se réaliser intérieurement.

Attitude

Dans le Dhammapada, son recueil de poésie et de versets spirituels le Bouddha fait l'éloge de la bienveillance et de la compassion envers autrui. Mais explique aussi que la bienveillance passe par une parole bienveillante dénuée de mauvaises intentions et qu'il est toujours impératif de garder la parole de la colère.

Et que la maîtrise de soi est une obligation pour celui qui souhaite atteindre un certain de degré de sagesse. Cette maîtrise de soi faisait partie aussi des prérogatives des samouraïs de qui on exigeait un respect absolu d'autrui (et même de ses ennemis). Il devait s'abstenir de tout propos irrespectueux ou malveillant. Et s'il devait apporter une critique ou un conseil ou à quelqu'un, cela devrait toujours se faire avec délicatesse, bon sens et bienveillance afin de ne pas heurter ou blesser son interlocuteur. Les esprits critiques vois diront qu'ils préfèrent la franchises et l'honnêteté considérons qu'une trop grande bienveillance relève plus de l'hypocrisie ou le non courage de ses opinions. Pourtant, avons-nous besoin constamment d'être trop directement franc et direct pour être honnête quitte à fait mal. Même si parfois la franchise a du bon (selon l'expression consacré), un peu de tact et de délicatesse ne sont pas de trop dans notre environnement actuel plutôt agressif et violent.

Dans la voie Izen, il est tout aussi important que la parole soit libre et que chacun puisse exprimer son ressenti, ses opinions (hors politique et religieux), son avis, ses idées, toujours dans le respect de leur engagement à IZEN. La parole permet également de réconforter, mais aussi de transmettre directement des connaissances, des valeurs importantes à notre entourage. Il faut donc utiliser la parole avec du bon sens, du respect et de la bienveillance dans sa vie personnelle, sociale et professionnelle aussi longtemps que la vie nous le permet.

Mouvement.

Dans la voie Izen l'esprit et le mouvement sont indissociables. Toute pensée finit par une action ou un mouvement. Cligner de l'œil, faire un signe de la tête. Se relever puis marcher après un exercice de méditation assise et profonde. L'action est le mouvement que l'esprit peut et doit contrôler. Mais l'esprit est-il aussi immobile qu'on le dit.

Dans le Dhammapada, il est essentiel de maîtriser et dompter son esprit et ne pas le laisser s'agiter voire être en colère. Car l'esprit peut être aussi en mouvement et de la pensée, la réflexion l'esprit passe à l'action notamment en termes de prise de décision.

Alors le bouddha dit qu'il « faut garder sa parole de la colère, sa pensée de la colère, son corps de la colère, et qu'au fond se sont les sages qui se maîtrisent à la perfection". Le mouvement c'est l'action du corps, des muscles puis des membres qui font de nous un être physique qui marche, court, grimpe, escalade Dans certaines circonstances, notre corps à besoin d'être en mouvement pour aller au travail, pour aller à la rencontre des gens mais aussi pour rester en bonne santé car aujourd'hui dans un monde de plus en plus connecté, confortable et sédentaire, nous oublions de faire le minimum d'activité physique (ou de sport, on verra la différence plus loin dans cet ouvrage) chaque jour pour nous garder en bonne santé et préserver notre capital pour l'avenir. Mais dans Izen l'action est aussi les petites décisions que nous prenons dans notre vie quotidiennement ou les grandes décisions qui déterminerons la suite de notre vie (études, travail, carrière, mariage, amitié, famille etc.).

Choix de vie

Dans Izen les moyens d'existences sont les choix et la manière que l'on a décidé de vivre. Alors que nos sociétés occidentales ont imposé un modèle de société entièrement fondé sur le consumérisme, un système capitaliste et une économie de marché sans limite, n'est-il pas temps de remettre de le remettre en cause et d'imaginer un nouveau modèle de vie bien plus authentique et moins matérialiste. Cela devrait concerner toutes les couches de la société. Ainsi les nantis et privilégiés comprendrait que leur richesse ne leur apporte que trop peu de bonheur véritable. Alors que les personnes qui vivraient avec moins de moyens ou de revenus trouveraient dans la non opulences des vrais raisons éléments de bonheur et épanouissement sincères. Sans ignorer les difficultés sociales que certains peuvent rencontrer et sans être indécent, car trop de gens souffrent de la pauvreté mais aussi de l'isolement, nous pourrons envisager une société moins matérielle, moins superficielle basée sur la richesse intérieure, une sagesse nous amenant a privilégié les choses simples, les rapports sincères, un rapprochement avec les valeurs essentielles morales, éthiques, spirituelles, éducatives, familiales, amicales, une plus grande conscience citoyenne, une plus grande communion avec la nature même si l'engagement écologique n'est pas la volonté de tous.

Persévérance

Emprunter la voie Izen c'est faire le choix de s'engager dans un travail sur soi-même, une remise en question permanente demandant certains efforts qu'il faudra maintenir malgré les difficultés inhérentes à une telle démarche. Il n'est jamais simple en effet d'accepter le changement, de modifier sa manière de vivre ou de voir les choses, ses habitudes tous simplement. Pourtant celui qui souhaite s'accomplir intérieurement en choisissant la voie Izen sait que le chemin sera long et demandera des efforts réguliers et constants pour être en accord avec les préceptes, les seize éléments de vie, les huit étapes vers la voie et huit exercices fondamentaux.

Concentration

Condition essentielle pour accomplir les différents exercices fondamentaux de la voie Izen : la concentration est cette capacité à rester fixé sur une action (travail, sport, activité culturelle), une pensée ou un apprentissage permettant de réaliser au mieux et efficacement la tâche que l'on s'est donnée ou que l'on nous a confiée. Se concentrer c'est aussi recentrer quand on manque de concentration à un moment donné. Cela est très fréquent pendant un exercice de méditation. Il faut alors être capable de se recentrer sur un objet ou sur sa respiration.

Attention

L'attention est la condition ultime pour réaliser tous les huit exercices fondamentaux et prendre conscience de son intention dans la voie. L'attention est un état au-delà de la concentration et ne peut se réaliser que si l'on a mis de côté son ego, son impatience et ses peurs de côté. L'attention, cette possibilité d'entrevoir et de percevoir sa nature profonde ainsi que la réalité tel qu'elle est vraiment. Ainsi celui qui est attentif parvient à un haut degré de conscience et se détache peu à peu de la subjectivité et du jugement

Les 8 pratiques fondamentales

Dans la voie Izen les pratiques fondamentales sont les actions et les moyens sincères qui vont permettre à chaque pratiquant, de progresser, d'évoluer et de s'accomplir intérieurement.

Au nombre de huit, ils répondent aux exigences d'une progression dans la voie qui ne pourra se faire qu'à la seule condition que ces exercices soient réalisés si ce n'est au quotidien, de manière très régulière.

Elever l'esprit et l'âme par la voie

Pratique méditative

Aujourd'hui, pour beaucoup de personnes la méditation est vue comme une méthode permettant de réduire le stress mais aussi une manière de lâcher prise face à la réalité d'un monde social en plein crise. Les tensions actuelles autour des problèmes de chômage mais aussi de l'éducation, des peurs qui s'installent autour des revendications identitaires et pire encore des récents événements qui ont provoqué une de choc dans une société française tiraillé entre des convictions humaniste héritières de la révolution française et de déclaration des droits d Lhomme et celles tentantes d'une France du repli et du rejet de l'autre.

Dès lors quel intérêt de parler d'une simple technique de respiration qui pour certains tient du fantasme et folklorique.

Force est de constater qu'aujourd'hui la méditation est entrain de pénétrer toutes les sphères de la société notamment en Europe où le nombre de personnes a augmenté de manière exponentielle. Est-ce là une bonne chose? La question peut être légitime pour celui qui ne voudrait pas que la méditation ne soit trop détournée de son sens originel.

Mais alors qu'est-ce que la méditation?

Avant d'avancer des explications et d'écrire ce qu'est la méditation dans la philosophie Izen, il est intéressant de revenir sur le caractère à la fois historique mais aussi culturel et sociologique de cet exercice spirituel pour les uns, philosophique ou voire même psychologique pour les autres. On verra que dans la pratique Izen, la méditation est au carrefour de ces trois approches.

Exercice philosophique

Dans la recherche de la sagesse, les exercices spirituels et philosophiques sont essentiels. Il ne s'agit pas de connaître toute l'histoire de la philosophie de l'Antiquité à nos jours mais de s'inscrire dans une démarche concrète de questionnement par des d'exercices qui nous ont été transmis par des penseurs de toutes les époques.

L'activité physique et sportive

Aujourd'hui l'espérance de vie des hommes et des femmes à considérément augmenté. Le nombre de centenaires dans le monde également et plus particulièrement au Japon. Est-ce un hasard aux pays du soleil levant, terre des enseignements de la sagesse dès le plus jeune âge. Sans en faire non plus un modèle de société (aucun système n'est parfait) il faut se rendre à l'évidence, manger sainement, pratiquer une activité physique régulière depuis l'enfance (judo et kendo en l'occurrence) et cultiver l'esprit ancestrales notamment celui des samouraïs permets à certains japonais de vieillir en bonne santé.

Dans nos sociétés occidentales modernes, les questions de santé sont devenues des préoccupations qui agitent au plus haut niveau de l'État. Les politiques et recommandations en matière de santé publiques se sont multipliées notamment au niveau de l'obésité et ses conséquences sur la santé des plus jeunes entrainant des dépenses de santé faramineuses et des inquiétudes réelles le milieu médical. L'obésité étant devenue pour l'OMS un des enjeux de santé majeur dans le monde. L'homme moderne est devenu sédentaire et n'a plus l'habitude de faire de l'exercice physique ni même parfois de bouger un peu. Le slogan manger - bouger que l'on entend ou l'on voit de partout dans les médias, s'il n'est pas suffisant, a au moins le mérite de nous sensibiliser sur la nécessité de s'alimenter sainement et de pratiquer une activité physique régulière.

L'activité physique au quotidien n'est pas nécessaire, elle est vitale. Le simple fait d'aller marcher quelques minutes de préférence dans un endroit agréable, calme reposant comme un parc ou le long d'un cours d'eau quand on est en milieu urbain. Dans les chemins, les forêts de campagne ou montagne quand on a la chance d'habiter loin du bruit et de la pollution. En bord de lac ou de mer pour se ressourcer près de l'eau. Marcher lentement en contemplant la nature plus rapidement pour faire marcher le cœur, les poumons, les muscles, les articulations. Tout notre corps et notre esprit a besoin d'être en mouvement. Pratiquer une activité d'endurance quel que soit l'allure ne pourra être que bénéfique à court (plaisir, évacuation du stress, convivialité), moyen (amélioration de votre condition physique meilleur moral, sensation de bien-être) et long terme (préservation de certaines maladies, ralentissement du vieillissement équilibre et épanouissement). Si les activités d'endurance sont reconnues bénéfiques pour la santé, tout autre activité physique est bien évidemment recommandée si elle est faite avant tout avec plaisir, même si l'effort sera toujours à un moment donné inévitable. Pensez plaisir et convivialité, le reste viendra et perdura par la suite.

Le Budo comme développement du corps et de l'esprit

Le Budo est l'ensemble des arts martiaux dont les origines se trouvent dans la longue histoire du Japon. Il comprend le jujitsu (art des samouraïs) le judo, l'aïkido, le karaté, le kendo (et ses disciplines associées comme le laïdo ou le kenjutsu). Au-delà d l'aspect martial qui n'est présent plus que dans la forme, les disciplines du Budo ont toujours été reconnues comme des arts noble, notamment du fait des valeurs qu'ils ont toujours véhiculées : sincérité, honneur, respect, loyauté, discipline, tolérance, maîtrise de soi. En plus de ces valeurs essentielles à la formation morale d l'homme, ces disciplines toujours eu un lien très fort avec la spiritualité, notamment me bouddhisme et le Zen. Particulièrement le jujitsu discipline des samouraïs du Japon médiéval qui était pratiquée en parallèle avec la médiation. L'exercice méditatif était obligatoire pour ces guerriers, car il leur permettait d'accéder à une concentration et une attention qui améliorerait leurs capacités aux combat. Si aujourd'hui, l'objectif de la pratique du Budo n'est plus lié aux conflits politiques ou territoriaux, il conserve des vertus qui permettent à ceux qui le pratiquent de développer le corps et l'esprit et se maintenir en bonne santé.

Education nutritionnelle

Bien s'alimenter, manger sainement pour préserver sa santé, son corps mais aussi son esprit. Izen n'est pas une voie d'ascétisme ou de privation à l'extrême. Izen est chemin de bon sens de raison. La société de consommation actuelle existe également sur le plan alimentaire. Il n'y a qu'à voir l'offre florissante proposée dans les rayons de nos grandes surfaces. Dans ce dédale de produits il est parfois difficile de faire son choix.

Il existe encore heureusement des petits commerçants proposant des produits authentiques (bio ou pas) qui permettent une cuisine saine raffinée. Nous aurions tort de nous en priver. Pourtant ces petits commerces sont chaque jour de plus en plus menacées par des mastodontes de la grande distribution dont la seule préoccupation est le profit. Malheureusement, le contexte économique et social étant, les prix proposés la plupart du temps, finissent par nous convaincre d'aller là -bas. Il faut donc composer avec les deux systèmes. L'exercice éducation alimentaire ou nutritionnelle doit nous mener vers un comportement de bon sens afin de faire des choix bénéfiques pour notre santé. Manger sainement et équilibré pour préserver notre capital santé pour l'avenir.

Curiosité intellectuelle

À l'heure du tout numérique et dans l'effervescence d'une vie professionnelle, familiale ou sociale qui ne nous laisse aucun répit, nous avons perdu l'envie et le goût de la lecture. Même si la manière de se cultiver a radicalement changé avec l'arrivée d'internet dans nos foyers, au travail et sur nos écrans connectés (tablette, téléphone et ordinateur, portable), il est essentiel de ne pas se couper de la lecture d'ouvrage ou de revues *papier* nous aidant à construire notre propre esprit critique et d'analyse sur le monde dans lequel nous vivons.

Créativité

Pratiquer une activité artistique, créative ou culturelle est essentiel pour celui qui recherche la sagesse. Créer n'est pas réservé qu'aux seuls inventeurs ou artistes. Nous pouvons tous trouver l'inspiration qui nous donnera cette énergie créative et inventive dans chaque moment de notre vie. Il suffit alors de laisser s'exprimer nos idées au gré de nos aspirations. Le dessin, la cuisine, la photographie, la peinture, l'écriture font partie de ses arts qui peuvent véhiculer du sens pour soi et pour les autres. On retrouve dans l'acte créatif le prolongement de sa personnalité et le reflet de l'âme. Ce n'est pas un hasard si l'art investi progressivement les milieux éducatifs ou thérapeutiques.

Le rapport soi, à l'autre et à la nature

Ce n'est un secret pour personne, mais tout au long de notre vie nous sommes constamment en relation avec quelqu'un, avec quelque chose. Dans la voie Izen nous sommes d'abord en relation avec nous-même. Pas d'une manière égoïste ou égocentrique mais dans un but ultime de s'écouter, de mieux se connaître pour établir un lien sain et bienveillant avec les gens, les choses et phénomènes qui nous entourent. La relation avec soi-même c'est se développer et maintenir une certaine confiance en soi, une meilleure estime de soi.

L'expression célèbre « Aime-toi, la vie t'aimera » résume à elle seule l'idée même de la relation avec soi-même. Même si pour certains, cela paraît difficile voire insurmontable, il faut garder tout au long de son engagement dans la voie Izen cette idée-là d'entretenir avec soi-même autant de bienveillance et de compassion envers les autres. Certains diront que même cette dernière observation ne va pas de soi au regard de tout ce qui arrive de dramatique et de grave dans le monde et en même temps proche de nous. La nature humaine est ainsi faite (ambition, jalousie, violence, appât du gain ou du pouvoir, etc.).

Dans les enseignements du Bouddha il est recommandé d'avoir une pensée même de la compassion pour les personnes négatives ou que l'on ne porte pas dans nos cœurs. Dans la tradition samouraï il était obligatoire de saluer et respecter au plus haut point son ennemi. Il donc impératif dans la voie Izen de développer et maintenir des relations respectueuses et bienveillantes. S'abstenir au maximum de paroles et de gestes blessants ou humiliants. Il n'est pas la question de ne rien dire ou de ne pas exprimer son ressenti, simplement de rester digne et respectueux de la personne à qui l'on s'adresse.

Vivre et gérer ses émotions

En psychologie on dit souvent qu'il faut être à l'écoute de ses émotions. Ne pas les refouler et les accepter. Les émotions sont le reflet de l'âme et nous renvoie le monde tel que nous le vivons et ressentons à toute les étapes de notre vie. Mais qu'est-ce que l'exercice émotionnel? Dans la voie IZEN, s'agit de recevoir les émotions telle qu'elles arrivent en profitant du moment présent sans se poser de question. Apprécier ce qui se présente sans vouloir à tout prix vouloir toujours plus à tout prix. Comprendre, vivre et gérer ses émotions à chaque instant de sa vie n'est la plus facile des choses à réaliser. Les émotions nous renvoient à ce qu'il y a de plus profond en nous et il n'est aisé de les recevoir. Recevoir un sourire, un geste, une parole bienveillante. Y compris la flore et la faune. Recevoir une fleur qui éclos comme un cadeau de la vie, prendre l'affection des animaux et observer la manière dont ils vivent et évoluent parmi nous ou dans leur milieu naturel. Admirer un paysage qui nous transporte dans une dimension spirituelle.

VIVRE IZEN

Après avoir étudié et les fondements philosophiques et spirituels de Izen, vient le temps de la pratique. Souvent après une telle lecture (aussi dense soit elle) on se demande comment et par où commencer ? Ici la question ne se pose pas. Laissez-vous porter par votre intuition, votre sixième sens comme on dit. Car Izen est une voie que l'on doit avant tout vivre et ressentir au fond de nous comme quelque chose d'évident.

Si le chemin et les huit pratiques fondamentale à mettre en œuvre quotidiennement demanderont à chacun de la volonté, du courage et de la concentration, il doit être emprunté motivé par un désir immuable de changement et d'amélioration de son esprit et de son âme. Par esprit j'entends la conscience d'être ce que l'on est en tant qu'être en devenir, social et familial, physique et mental, éthique et moral. Par âme j'entends cette conscience d'être parmi le monde et l'univers, un être traversant l'existence à la fois terrestre et spirituelle, philosophique et poétique régie par la seule loi de la sagesse et de la bienveillance. Il nous faut mesurer le défi personnel et collectif que représente un tel idéal pour l'avenir. Un défi personnel car nous sommes conscients que la perfection de l'être n'existe pas et que nous sommes probablement vivant pour commettre toutes sorte de fautes ou d'erreurs qui nous mettront face à nos responsabilités et notre destinée.

Collectivement, car si d'une manière général, le monde est plutôt pavé de bonnes intentions, individuellement nous nous comportons la plupart du temps loin de ces bonnes intentions collectives (solidarité, entraide, partage, bienveillance, gestes écologiques, pensée et méditation pour autrui).

Vivre Izen c'est donc laisser la part d'individualisme au profit du progrès social par le collectif mais cela ne passe forcément pas un travail sur soi et une transformation de son esprit afin de percevoir la vraie nature des phénomènes, des gens et des choses.

Pratiquer au sein d'une résidence

Izen est avant tout une philosophie et une manière de vivre singulière. Elle n'a pas vocation à se structurer autour d'un lieu de pratique fixe et dogmatique comme peut l'être un temple, un monastère ou une église (n'y voyez là aucun jugement de notre part).

Néanmoins, pour préserver les valeurs et la transmission authentique des fondements et des huit pratiques fondamentales, il nous paraît important de permettre des enseignements, rencontres et pratiques guidées et communes au sein de lieux temporaires qu'on nomme Les résidences Izen. Elles auront lieu au moins deux fois par an dans un lieu propice au calme et la sérénité. À la fois un espace de partage, de discussions, elles seront le lieu idéal pour s'initier, s'entraîner ou se perfectionner aux huit exercices fondamentaux. Un moment également pour progresser dans son engagement et les étapes de la voie Izen.

Aucune Résidence n'est obligatoire pour vivre et réaliser Izen, puisque Izen se vit chaque jour, à chaque instant de notre vie.

Toutefois, une Résidence principale verra le jour, afin de pouvoir recevoir, transmette et permettre à chaque pratiquant de s'accorder à n'importe quel moment de l'année un moment de recul et de réflexion dont a sans doute tous besoin à un moment ou à un autre dans notre vie.

L'auteur

Daniel Thîen-Nguyen arrive en France dans les années 70 et grandit au sein d'une résidence situé en bordure d'un quartier politique de la ville.

Cette enfance baignée entre l'insouciance et la violence de son environnement va le marquer durablement.
Il s'engage professionnellement pendant de longues années auprès d'enfants et adolescents avant d'intervenir depuis 2017 auprès d'adultes en formation et insertion professionnelle.
En 2014, une reprise d'études à l'université en sciences de l'éducation l'amène à se questionner sur la place et le rôle de l'école ainsi que les méthodes d'enseignement.

Après un voyage au Vietnam, son pays d'origine, il réalise combien depuis enfant, il se sent appartenir à deux cultures, sans jamais avoir pu se l'expliquer. À son retour cela devient une évidence.
En 2024, il fonde le mouvement IZEN inspirée par ses deux cultures, avec la conviction chevillé au corps, que l'être humain à en lui la capacité de se s'interroger, de se remettre en question et de s'améliorer individuellement et collectivement.
Avec ce projet de construire et préserver un monde plus juste, grâce notamment à une éthique et p0hilosophie de vie basée sur 8 pratiques fondamentales.

Izen, la voie pour une sagesse moderne, est le livre fondateur de ce mouvement.

Bibliographie

Dong, L. (2004). *Dhammapada, la voie du Bouddha*. Seuil.

Gunaratana, H. (1995). *Méditer au quotidien*. Robert Laffont.

Hadot, P. (2003). Philosopher comme manière de vivre. Livre de poche

Cleary, T. (2010). *La sagesse du samouraï*. Alphée.

Guénon, R. (1946). *La crise du monde moderne*. Gallimard

Pavie, X. (2010). *La méditation philosophique. Editions d'Organisations*

Pavie, X. (2009). *L'apprentissage de soi*. Eyrolles

Hadot, P. (2002). *L'exercice spirituel et philosophie antique*. Albin Michel

Aurèle, M. (1995). *Pensées pour moi-même*. Marc Aurèle

Deshimaru, H ; Coupey, P. (1995). *Zen et Budo*. Deshimaru et Coupey

Rahula, W. (1978). *L'enseignement du Bouddha*. Points éditions.

Yamamoto, J. (1999). *Hagakure. Guy Trédaniel*

Gunaratana, H. (1995). *Les chemins de la sagesse.*

Gunaratana, H. (1995). *Sagesses, Éducation et quête de sens.*

Suzuki, S. (2014). *Esprit zen, esprit neuf,* Points.

Gunaratana, H. (2008). *Les huit marches vers le bonheur.* Albin Michel.

Gonin, D. (2007). *Réussir sa vie avec le Tao.* Albin Michel.

Tsunetomo, Y. (2010). *La voie du samouraï.* Presses du Châtelet.

Onfray, M. (2007). *La théorie du voyage.* Livre de poche.

Nitobe, I. (2009). *Bushido, l'âme du Japon.* Budo

Schopenhauer, A. (2023). *La sagesse dans la vie.* Symbiose éditions

Deshimaru, T. (1995). *Zen et arts martiaux.* Albin Michel

Comte-Sponville, A. (2000). *Pensée sur la sagesse.* Albin Michel

Sumedo, A. (2007). *L'esprit et la voie.* Sully.

TABLE DES MATIERES

Avant-propos……………………………………………………p.9

Introduction ……………………………………...……………p.21

Première partie : Les fondements philosophiques…………..p.27

L'occirientalisme ou comment penser …………...…….............p.29
une sagesse métissée

La sagesse comme voie spirituelle ……………………………..p.30
philosophique et éducative

Pour une culture commune de la quête de sens…………………p.32

La quête de la sagesse de l'Occident à l'Orient …………………p.32

Quelle pratique pour une sagesse moderne ? …………………...p.33

IZEN ou la voie de l'accomplissement intérieur ……………...…p.34

Deuxième partie : Les fondements spirituels ………………...p.39

Le traité des 5 directions ……………………………………… p.43

Les valeurs inspirées du code ses samouraïs……………………p.44

Ecrits fondamentaux……………………………..……………… p.49

Eléments de vie (et de non vie)………………..………………. p.57

Tao Izen………………………………………………………....p.62

Troisième partie : Vivre et réaliser la Voie IZEN............p.75

Pratiquer IZEN ………………………………………..……..p.81

L'engagement …………………………………….…..……..p.83

Les 8 conditions ou niveaux de conscience………………… p.88

Les 8 pratiques fondamentales ……………………………….p 95

Vivre IZEN ……………………………………………… p.103

Pratiquer au sein d'une résidence ……………………….……..p.104

L'auteur……………….. ……………………….………..p.107

Bibliographie……. ………………………...……..……...p.109

Table des matières…………….. ………………….…………..p.113

IZ

以前

www.izen-origine.org